LE SILENCE DE MARIE

Ignace Larrañaga

Éditions Paulines & Médiaspaul

L'édition originale de cet ouvrage a paru chez *Cefepal,* Santiago, Chili, sous le titre *El silencio de Maria.*

Traduit de l'espagnol par Val Gaudet, o.m.i.

Dédicace du traducteur:

Toute ma gratitude à mon confrère oblat, le Père Bernard Guilbault, pour l'aide fraternelle qu'il m'accorda durant la traduction de ce livre.

Que la Vierge du Silence le remercie pour moi.

V. Gaudet, o.m.i.

Composition et mise en page: *Éditions Paulines*

Maquette de la couverture: *Jean-Pierre Normand*

ISBN 2-89039-492-1

Dépôt légal — 1er trimestre 1991
Bibliothèque nationale du Québec
Bibliothèque nationale du Canada

© 1991 Éditions Paulines
        3965, boul. Henri-Bourassa Est
        Montréal, QC, H1H 1L1

        Médiaspaul
        8, rue Madame
        75006 Paris

Première partie

RETOUR AUX SOURCES

«*Toutes nos sources sont en toi.*»

(Ps 36)

Chapitre 1

LA FONTAINE SCELLÉE

Qui a raconté l'histoire de l'enfance de Jésus? Comment est-on arrivé à connaître quelque chose de si lointain, dont les archives et le dépôt ne pouvaient être que la mémoire de Marie?

Pour répondre à ces questions, il nous faut retourner en arrière, remonter à contre-courant un fleuve qui charrie des drames et des surprises, jusqu'à en arriver aux origines, aux profondeurs du cœur de Marie.

L'évangile nous rappelle en deux occasions (Lc 2, 19; 2, 51) que Marie conservait soigneusement en son cœur les paroles et les événements touchant l'enfance de son fils. Elle les méditait fidèlement. Elle cherchait le sens profond et caché de ces faits et de ces paroles. Elle les confrontait avec les situations qui faisaient la trame de sa vie.

De cette façon, les souvenirs se sont conservés très vivants dans sa mémoire, comme des étoiles qui ne s'éteignent jamais. C'est pourquoi, si nous désirons rencontrer la figure et le cœur vibrant de Marie, les chemins doivent nous conduire nécessairement là-bas, au loin, à la source d'où naissent toutes les nouvelles: à l'intimité de Marie.

Comme nous ne voulons pas nous livrer ici à des jugements subjectifs mais marcher sur une terre ferme, sans prétendre pour cela à une recherche scientifique, nous considérons d'une extrême importance d'aborder ici le problème des sources.

«Notre cher médecin» (Col 4, 14)

> «Luc est un écrivain de grand talent et une âme délicate... une personnalité d'une totale transparence[1].»

Luc est un homme profondément sensible aux motivations qui inspirent la personne et la vie de Marie, à savoir l'humilité, la patience, la douceur. Là où il rencontre un vestige de miséricorde, il s'émeut profondément, et tout de suite il le consigne dans son évangile.

Notre évangéliste médecin a plus qu'aucun autre évangéliste découvert et apprécié l'âme de la femme et son importance vitale. Au long des pages de son évangile, long et dense, passe un défilé multiforme de femmes: les unes sont objet de miséricorde, les autres offrent l'hospitalité, plusieurs d'entre elles expriment leur sympathie et leur solidarité au moment où Jésus s'achemine vers la mort. Et, entre toutes, émerge Marie, avec cet air non trompeur de servante et de grande dame.

La personnalité singulière de Luc est tissée de délicatesse et de sensibilité. Il est significatif que Paul lui

---

[1] La Bible de Jérusalem. Introduction.

accole une épithète à saveur émotive: «le cher méde-cin». Enfin notre évangéliste semble posséder un tem-pérament en parfaite affinité avec la personnalité de Marie.

En un mot, nous trouvons en lui le narrateur idéal, capable d'entrer en syntonie avec Notre-Dame, capa-ble de capter non seulement les faits de sa vie, mais aussi ses impulsions profondes, et surtout, capable de transmettre tout cela très fidèlement.

Rechercher et transmettre

«Puisque beaucoup ont entrepris de composer un récit des événements qui se sont accomplis parmi nous, d'après ce que nous ont transmis ceux qui furent dès le début témoins oculaires de la Parole, j'ai décidé, moi aussi, après m'être informé exactement de tout depuis les origines, d'en écrire pour toi l'exposé suivi, excellent Théophile, pour que tu te rendes compte de la sûreté des enseignements que tu as reçus (Lc 1, 1-5).

Par cette introduction à son évangile, Luc nous con-vie au seuil de Marie. Selon l'usage littéraire de son épo-que, il dédie son ouvrage à l'«excellent Théophile». Nous ne savons rien de cet illustre destinataire. Mais nous pouvons soupçonner qu'il s'agit d'un personnage de rang élevé, qui a déjà reçu la Parole et la foi. Cepen-dant Luc ne s'adresse pas à lui comme à un «frère». À cause d'une différence sociale? De toute façon, ce Théophile disparaît ici même, sans laisser d'autre trace.

Luc s'exprime comme un journaliste moderne qui, pour garantir la crédibilité de son information, affirme avoir été aux sources de la nouvelle. C'est le conseil que l'on donne encore aujourd'hui dans les écoles de journalisme: «Allez à la source de l'information.» De cette façon, afin d'assurer l'objectivité de son travail et la validité de la foi de Théophile, Luc se dispose à lui rendre compte du but de son œuvre, de ses sources et de la méthode de son travail.

* * *

Luc affirme que plusieurs avant lui ont entrepris le récit de la vie de Jésus. Ils ont collectionné des faits et des paroles de Jésus. Certains en sont même arrivés à écrire un évangile.

Avant de commencer sa tâche de chercheur et durant sa recherche, Luc avait à sa portée des notes, des collections de faits et de paroles et, peut-être même, des évangiles recueillis ou rédigés par d'autres auteurs... certains de ces écrits se perdirent. D'autres furent éventuellement utilisés par Luc lui-même. Parmi ceux-ci, n'y aurait-il pas des souvenirs de Marie, recueillis par un disciple quelconque, souvenirs se référant aux années déjà lointaines de l'annonciation et de l'enfance de Jésus?

Luc affirme une chose de grande importance: il «s'est informé exactement» (Lc 1, 3) «de tous les événements» qui dominèrent l'histoire du salut. En langage moderne, nous dirions que Luc prend en main la loupe de la critique historique. Il nous offre en son livre une nouvelle ordonnance des faits, de nouveaux détails dus à sa recherche rigoureuse, peut-être aussi une vérification plus stricte des nouvelles. Et tout cela en un revêtement littéraire renouvelé.

«Depuis le commencement»

Du point de vue qui nous intéresse, qui est de connaître Marie de plus près, il convient d'apprécier le fait que Luc, par sa recherche minutieuse, «remonte» jusqu'aux événements lointains qui s'accomplirent «depuis le commencement».

Notre historien retourne en arrière et met en lumière les jours lointains de Marie. Il est évident que la démarche historique de Luc n'est pas aussi rigoureuse et sévère que celle de nos historiens d'aujourd'hui. Mais, de toute façon, il fait une recherche sérieuse, essayant de remonter à l'origine des faits et à la toute première heure.

En scrutant les paroles de l'évangéliste, il semblerait que Luc dispose de manuscrits ou de notes sur ce que les «témoins oculaires» nous ont transmis, c'est-à-dire ceux-là mêmes qui se sont trouvés au cœur des événements et de l'épreuve. Or, de témoin oculaire de ce qui s'est passé durant l'enfance de Jésus, il n'en existe aucun autre que Marie. On peut donc conclure que l'évangéliste, que ce soit par des voies directes ou indirectes, nul ne le sait, arrive jusqu'à l'unique source d'information: Marie.

D'autre part, le contexte de Luc laisse supposer sans équivoque que «les témoins oculaires» furent par la suite des serviteurs de la Parole. Pouvons-nous conclure de là que Marie s'est muée elle aussi en évangéliste de ces faits qu'elle était seule à connaître? Luc voudrait-il indiquer d'une façon voilée ou implicite que la présence de Marie, dans les premières communautés chrétiennes, ne fut pas seulement une présence d'animation, mais qu'elle se consacra elle aussi à une activité spécifiquement missionnaire? En un mot, dans le milieu des témoins oculaires qui proclament la parole, devrions-nous inclure Marie? L'étude des sources nous conduit à cette conclusion. Nous y reviendrons au chapitre suivant: «L'esquisse d'une biographie.»

Les premières années

Quand les apôtres, après la Pentecôte, se répandent de toutes parts pour annoncer les nouvelles de la «Dernière Heure», ils portent dans leur âme les marques de profondes cicatrices psychologiques, si l'on nous permet cette expression.

Qu'est-il donc arrivé? Un enchaînement d'événements les a bouleversés profondément. En effet, en un jour pas si lointain, contre toute attente (Lc 24, 21), des événements ont projeté leur maître Jésus inexorablement comme en un remous, en un gouffre et l'ont traîné implacablement vers le crucifiement et la mort. Eux-mêmes, de peine et de misère, ils ont échappé au même sort.

Aussi demeuraient-ils broyés, désorientés, sans foi, sans espérance, remplis de crainte (Jn 20, 19).

Peu de jours après la résurrection, ils paraissaient toujours abasourdis, hallucinés, comme des automates qui ne peuvent se fier à ce qu'ils voient et entendent. Ils ne s'étaient attendus ni à la mort ni à la résurrection, bien que le Maître les ait avertis. Après quelques semaines, descend sur eux l'Esprit Saint qui leur fait saisir le sens de tout ce qui s'est passé. Pour la première fois, ils commencent à tout comprendre: l'univers de Jésus, sa personne, son rôle dans l'univers du salut. Enfin tout devient clair.

Lorsqu'ils se présentent au monde, les apôtres portent en eux deux «blessures»: la mort et la résurrection de Jésus, les «nouvelles fondamentales», le mystère pascal. Et en se répandant à travers le monde, ils commencent à parler, comme obsédés par la seule nouvelle importante, celle du salut, celle de l'humiliation et de l'exaltation de Jésus. Seule sauve l'adhésion à ces événements. À quoi bon le reste? Et durant ces premières années, ils ne parlent que de cela.

En cet état d'esprit, ce qui ne se réfère pas directement au mystère pascal n'a pas de sens ni d'importance pour eux. C'est pourquoi ils laissent de côté des détails qui pour notre goût moderne sont tellement savoureux: où et quand est né Jésus? Qu'est-ce qui lui est arrivé durant les premiers jours, durant ses premières années? Qui étaient ses parents, quelle sorte de gens étaient-ils? Quelle était la ligne généalogique ascendante de Jésus? Quel était l'ordre chronologique exact des faits ainsi que celui de leur narration? Tout cela et d'autres préoccupations de ce genre relèvent pour les apôtres d'une curiosité inutile. Peu importent les données biographiques. Ce qui seul compte, ce sont les faits relatifs au salut.

Dans cet état d'âme et dans cette hiérarchie des valeurs, nous comprenons que les récits qui se réfèrent à l'enfance n'ont pas de valeur fondamentale pour eux, du moins dans les premiers temps. Les détails concernant Marie non plus.

Les premières années passent. Un jour, ces détails commencent à susciter de l'intérêt et à circuler dans les communautés de Palestine. Comment cela se passe-t-il?

Quand sous l'inspiration du Saint-Esprit, les premières communautés commencent à proclamer Jésus comme «Kyrios» — «le Seigneur Dieu» — elles sentent la nécessité de compléter la perspective historique du Seigneur Jésus. On a besoin de savoir qui était, historiquement, cette personne unique, où elle est née, comment elle a vécu, et ce qu'elle enseignait.

Or, en cette grande zone de silence que l'on percevait autour de Jésus, il n'y avait pas d'autre témoin oculaire que Marie. Ce qui va l'obliger à devenir l'évangéliste de tous ces détails.

Ce qu'en dit la critique interne

Cependant, on n'a pas encore répondu aux questions formulées plus haut. Qui a reçu les confidences de Marie? Qui a rédigé les deux premiers chapitres de Luc? Au cas où Luc ne serait pas l'auteur de ces pages, d'où proviennent ces détails, et comment sont-ils arrivés dans ses mains?

On doit aux recherches du grand exégète Paul Gechter de pouvoir affirmer en premier lieu que ce n'est pas Luc qui a rédigé ces pages. Il a découvert ces informations au cours de ses recherches et il les a insérées dans son évangile.

En réalité, il est improbable et quasi impossible que le médecin Luc ait reçu des informations des lèvres mêmes de Marie. Si Luc a écrit son évangile entre les années 60 et 80 (chronologie très incertaine, mais aujourd'hui la plus approximative), il est difficile d'imaginer que Marie vivait encore en ces années-là. Elle aurait eu entre soixante-quinze et quatre-vingt-dix ans. À l'intérieur des paramètres de longévité en un pays sous-développé de cette époque, on ne peut penser que Marie ait vécu aussi longtemps. Il faut donc écarter l'hypothèse que Luc ait reçu des lèvres de Marie une information directe sur l'enfance de Jésus.

* * *

D'autre part, la critique interne de ces deux savoureux chapitres nous amène aussi à laisser tomber l'hypothèse d'une paternité littéraire de la part de Luc. La structure interne de ces pages est entièrement sémitique, autant dans le style général que dans la cadence et le rythme de ses expressions.

Luc est né à Antioche, cité gréco-romaine, à plus de mille kilomètres de la scène biblique. De plus, il a grandi dans le paganisme gréco-romain, comme on peut le déduire clairement du contexte du chapitre quatre de l'épître de Paul aux Colossiens.

Or, celui qui a écrit les deux premiers chapitres de l'évangile de Luc était visiblement familier avec la mentalité sémitique et avec l'inspiration générale de l'Ancien Testament. Il est vraiment difficile d'admettre qu'un converti, c'est-à-dire une personne qui n'ait pas été «allaitée» dès son enfance à l'inspiration biblique, soit à ce point saturée du texte et du contexte de l'Ancien Testament, comme c'est le cas pour l'auteur de ces deux chapitres.

L'évangéliste médecin a donc trouvé ces notes et les a insérées dans son évangile. La part de Luc, dans la rédaction de ces deux chapitres, a dû être insignifiante. Elle aurait consisté seulement en quelques retouches de forme.

> «La conclusion légitime est que Luc a copié le document grec tel qu'il l'a trouvé, bien qu'à l'occasion il ait pu l'accommoder à son propre goût littéraire.»

> «Le fond culturel qui se réflète jusqu'en ses moindres détails, la mise en strophes des parties dialoguées, excluent toute intervention lucanienne de quelque importance[2].»

Au moyen d'un apparat scientifique extrêmement complexe et solide, Paul Gechter arrive à cette même conclusion:

> «Le cadre culturel que l'histoire de l'enfance nous offre rejette Luc, né païen, comme auteur des deux premiers chapitres de son évangile, tout autant que le rejettent la structure générale, la langue et le rythme.»

> «La présence de cette culture en Luc peut s'expliquer seulement si on admet que Luc trouva le document juif et l'inséra en son évangile pratiquement sans le retoucher[3].»

Et plus loin, l'exégète allemand répète la même conclusion:

> «La nature totalement sémitique de la structure générale et du rythme des mots démontre que l'activité de Luc en tant que créatrice et transformante, dut être très secondaire[4].»

---

[2] Paul Gechter, *Marie dans l'Évangile*, p. 40.

[3] *Ibidem*, p. 40.

[4] *Ibidem*, p. 40.

Jean, le «fils»

Si Luc n'est pas le confident qui reçoit les récits sur l'enfance, ni son rédacteur matériel, par qui ces notes si précieuses lui sont-elles parvenues?

À l'intérieur d'un calcul normal de probabilités, le premier auquel on pourrait penser serait l'apôtre Jean, qui aurait reçu d'abord et recopié les confidences de Marie. En effet, «dès cette heure-là», Jean accueille Marie «chez lui» (Jn 19, 27). Cette expression chargée de sens laisse deviner un univers de relations illimité. Entre Jean et Marie, il ne devait pas exister de secrets ni de réserves. Jean a dû avoir soin de Marie avec un tact délicat, unique, fait d'affection et de vénération, au moment où elle arrivait au couchant de sa vie.

Entre ces deux personnes de tant de beauté intérieure, a dû exister une communion spirituelle ineffable, qui allait au-delà d'une simple relation filiale.

Il nous semble que le premier à recevoir les confidences de Marie a été le «fils Jean». Nous verrons plus loin comment Marie n'a communiqué à personne les grands secrets de son cœur. Peut-être l'a-t-elle fait à Élisabeth. Mais même dans ce cas, n'oublions pas que lorsque Marie arriva à Ain Karim (Lc 1, 39 ss), le secret fondamental était déjà connu d'Élisabeth, sûrement inspiré directement par Dieu.

Cependant la critique interne ne reconnaît pas Jean comme le compilateur ni le rédacteur des documents de Luc. Le style de Jean est unique. Jean a conservé quelques-uns des souvenirs de la vie de Jésus. Sur la base de ces souvenirs, tout au long de son existence, Jean n'a cessé d'approfondir le mystère transcendantal de Jésus. Et cette réflexion théologique s'est traduite en ses écrits sous la forme d'idées-force, comme Vie, Amour, Lumière, Vérité, Chemin. Le disciple bien-aimé n'a pas écrit deux pages sans que n'apparaisse l'une ou l'autre de ces idées-force.

En ces chapitres lucaniens, rien n'apparaît qui indique la paternité de Jean.

Marie missionnaire

Si les auteurs ne sont ni Luc ni Jean, qui sont-ils donc?

Retournons en arrière et retrouvons-nous dans cette chambre fermée et scellée qu'est le cœur de Marie. Les nouvelles peuvent circuler de bouche à oreilles, comme les eaux du torrent vont de pierre en pierre. Mais comment et quand Marie ouvre-t-elle cette fontaine scellée?

Dans les évangiles apparaissent des groupes de femmes autour de Jésus. L'évangéliste médecin signale que «les femmes qui l'accompagnaient depuis la Galilée» (Jn 23, 49), observaient l'agonie du Crucifié. Ces femmes seraient-elles les mêmes que celles qui mettaient leurs biens à son service durant les jours de Galilée? (Lc 8, 2ss).

Jean rappelle que, après la manifestation de la gloire de Jésus à Cana, sa mère descendit avec lui à Capharnaüm (Jn 2, 12). Et le même Jean place Marie parmi quelques femmes près de la croix de Jésus (Jn 19, 25). Nous verrons plus loin quel est le comportement de Marie dans le groupe des disciples, sa transformation en «disciple» de Jésus, moins par sa condition de mère que par son attitude de foi.

Marie fait donc partie d'un groupe de femmes, même du temps de Jésus, comme dans une école de formation. Nous ne savons pas quel est le degré d'intimité entre Marie et ces femmes. Quoi qu'il en soit, il est clair que, étant des disciples enthousiastes de Jésus, elles doivent s'informer auprès de Marie des moindres détails de son enfance, et lui en demander sur certaines époques de la vie de Jésus que personne ne connaissait.

> «Il est hors de doute que ces femmes disciples de Jésus ont dû interroger Marie à plusieurs reprises sur l'enfance et la jeunesse de Jésus[5].»

Les jours passent. Vient le Consolateur. À sa lumière, Marie ne peut plus cacher les merveilles qui s'étaient manifestées depuis les tout premiers temps. L'heure est venue de révéler ces événements cachés.

Comment le fait-elle? On ne peut pas s'imaginer Marie faisant le tour des communautés, comme une missionnaire ambulante, annonçant «kérigmatiquement», comme une trompette, des détails inédits sur Jésus. Alors?

Dans son volumineux dossier d'arguments, Paul Gechter suppose et démontre, à partir de la critique interne, que c'est un cercle féminin qui reçut d'abord les confidences de Marie. Les souvenirs sont strictement maternels et sont conservés avec cet aspect maternel intime, typiquement féminin.

---

[5] Paul Gechter, *ibidem,* p. 104.

«Le sceau de féminité se dégage non seulement du sujet traité, mais aussi du peu d'intérêt pour les questions juridiques[6].»

«Tous les souvenirs surgissent, imprégnés d'une perspective maternelle[7].»

«L'ambiance la plus apte pour la transmission de l'histoire de l'enfance de Jésus est un monde féminin. Les enfants sont l'éternelle attraction des femmes[8].»

* * *

Les chercheurs qui étudient le contexte vital des premières communautés font ressortir un phénomène très émouvant: la vénération envers Marie surgit presque dès le premier moment dans les communautés. Pour Harnach, «le cercle d'où procédèrent les récits de l'enfance éprouvait une grande vénération pour Marie qu'on plaçait sur un premier plan à côté de Jésus».

De même Rudolf Bultmann déduit de ses recherches que «les premières communautés chrétiennes avaient une dévotion spéciale et connue pour la Mère du Seigneur».

* * *

Nous pouvons donc penser qu'un cercle féminin entourait Marie d'une grande confiance et d'une profonde vénération non seulement parce qu'elle en était

---

[6] Paul Gechter, *ibidem*, p. 100.

[7] Paul Gechter, *ibidem*, p. 91.

[8] Paul Gechter, *ibidem*, p. 103.

digne comme Mère du Seigneur, mais parce qu'elle-même s'attirait cette vénération par son comportement, fait de constance, de dignité, d'humilité et de paix.

L'un de ces cercles féminins a donc été le dépositaire des confidences et des nouvelles. Sans doute, Notre-Dame sentait la fin de son existence approcher. Pourquoi laisser encore des secrets sur son Fils puisque maintenant il était proclamé Christ et Seigneur. Marie avait parlé à la première personne, mais les confidences ont transposé le récit à la troisième personne, grâce à une simple convention grammaticale. Elles ont peut-être ajouté quelques détails sans importance pour rehausser le rôle central de Marie. Ces souvenirs sont sans doute arrivés aux oreilles de quelque disciple éclairé qui les a transcrits à sa manière. À moins qu'ils ne lui soient tombés entre les mains sous une forme déjà rédigée. Et de cette façon les notes, multicopiées à la main, commencèrent à circuler parmi les communautés de Palestine.

Luc, qui était en train de faire ses recherches auprès des témoins oculaires et parmi les premières communautés, a mis la main sur ce véritable joyau et l'a ajouté à son évangile.

> «En conséquence nous devons penser en premier lieu à un cercle féminin réduit de femmes qui manifestaient une grande vénération envers Marie. Leur intérêt pour l'enfance de Jésus mettait la Vierge dans l'obligation de raconter quelques épisodes, chose qu'elle fit de l'angle visuel d'une mère.»
>
> Cet angle visuel naturellement était reçu et conservé par ces femmes comme un dépôt immuable.
>
> Par le truchement de ces femmes, les nouvelles arrivèrent à un disciple qui y ajouta quelques modifications à

l'intérieur de la plus rigoureuse ligne théologique des tout premiers temps[9]. »

Tout ceci porte à croire que les nouvelles contenues dans les deux premiers chapitres de Luc ont été communiquées directement par Marie. Ces nouvelles, à part quelques petites retouches de forme, proviennent de ses lèvres. À cause de cela, elles conservent un aspect d'authenticité, fait d'intimité et de proximité. De plus, ces paroles sont en parfaite concordance avec la personnalité, la conduite et les réactions de Marie.

Comme nous le verrons tout au long de ce livre, Marie occupe toujours en cette narration un second rang, précisément parce que ce sont des paroles qui sont sorties de sa bouche. En ces chapitres, nous rencontrons des descriptions élogieuses de Zacharie, d'Élisabeth, de Siméon et d'Anne. D'elle-même, presque rien.

L'humilité et la modestie enveloppent de façon permanente, comme une atmosphère, la vie de Notre-Dame. Jamais elle ne concentre l'attention sur elle-même. Toujours Marie proclame et renvoie. Elle renvoie à l'Autre. Seul Dieu importe.

---

[9] Paul Gechter, *Ibidem,* p. 108.

Chapitre 2

ÉBAUCHE D'UNE BIOGRAPHIE

Nous avons plongé dans les eaux profondes mais pas très claires des premières communautés. Et nous sommes revenus chargés d'impressions, d'intuitions, et de quelques conclusions.

Grâce à ces impressions, nous allons essayer d'esquisser quelques traits provisoires de la figure de Marie. Ces traits iront se complétant tout au long de ce livre.

Jésus naît selon la chair et ses premiers jours s'écoulent parmi des persécutions et des fuites. Marie, sa Mère, en prend soin et le protège. Jésus naît selon l'Esprit — l'Église — au milieu d'une autre tempête, et de nouveau Marie le défend, le console et le fortifie.

Cependant nous avons l'impression que Marie exerce cette fonction maternelle dans l'Église primitive d'une façon aussi discrète qu'efficace. L'auteur des Actes des Apôtres ne s'en aperçoit même pas, ou ne lui donne aucune importance, ou, du moins, il ne la consigne pas dans son livre. Nous avons l'impression que Marie agit silencieusement, selon sa coutume, dans les coulisses, et de là dirige et anime l'Église naissante.

La Mère

Qui est-elle pour la Communauté? Comment celle-ci l'appelle-t-elle? Ce ne doit pas être du nom de «Marie». Ce nom est si commun: Marie de Cléophas, Marie de Jacques, Marie de Magdala... Il faut un nom qui spécifie davantage son identité personnelle. Quel est-il?

La communauté vit en permanence la présence du Seigneur Jésus. Vers Jésus, on dirige la louange et la supplication. Or, comment une communauté qui vit avec Jésus et en Jésus devrait-elle identifier ou nommer cette femme? La réponse tombe d'elle-même: elle est «la Mère de Jésus». Aussi est-ce ainsi que s'exprime toujours l'Évangile.

En réalité, Marie est plus que la Mère de Jésus. Elle est aussi la mère de Jean. Et aussi — pourquoi pas? — la mère de tous les disciples, y compris, tous ceux qui trouvent leur identité dans le nom de Jésus. N'est-ce pas là la mission qu'elle a reçue des lèvres du Rédempteur? Elle est donc simplement «la Mère», tout court, sans autre spécification. Nous avons l'impression que, dès le premier instant, Marie est identifiée et différenciée par cette fonction, probablement par ce nom précieux. Ceci semble découler de ce titre que lui donnent les quatre évangiles, chaque fois qu'elle apparaît sur la scène.

Nous verrons plus loin de quelle façon, par une pédagogie déconcertante et douloureuse, Jésus a conduit Marie à une maternité dans la foi et l'Esprit. Marie a donné le jour à Jésus à Bethléem selon la chair. Maintenant que la naissance de Jésus fait irruption selon l'Esprit de la Pentecôte, le Seigneur a besoin d'une mère selon l'Esprit.

Et c'est ainsi qu'au moyen d'une transformation progressive Jésus prépare Marie à cette fonction spirituelle. En effet, Jésus apparaît à plusieurs reprises dans l'Évangile comme s'il sous-estimait la maternité purement humaine. Lors de la Pentecôte, Marie était donc préparée, déjà elle était la Mère selon l'Esprit. Elle semble présider et elle donne le jour à cette première et petite cellule des Douze qui devait constituer le corps de l'Église.

* * *

Chaque fois qu'elle apparaît dans les évangiles, Marie n'est jamais une femme passive ou aliénée. Elle met en question la proposition de l'ange (Lc 1, 34). D'elle-même, elle prend l'initiative d'aller rapidement à travers les montagnes aider Élisabeth durant les derniers mois de sa grossesse et les jours de l'enfantement (Lc 1, 39 ss). Dans la grotte de Bethléem, elle et elle seule prend soin d'elle-même au moment compliqué et difficile d'enfanter (Lc 2, 7). Dans un tel moment, à quoi peut servir la présence d'un homme?

Quand l'enfant se perd au temple, la Mère ne reste pas sans rien faire, les bras croisés. Rapidement elle se joint à la première caravane, monte à Jérusalem distante de plusieurs kilomètres, fouille partout, remue ciel et terre durant trois jours, à la recherche de son fils (Lc 2, 46). Aux noces de Cana, alors que tout le monde s'amuse, elle seule reste attentive. Elle se rend compte que le vin manque. Sans déranger personne, elle prend l'initiative, se charge du problème. Et elle trouve la solution.

Quand on annonce que la santé de son fils est en jeu, encore une fois elle prend l'initiative, se présente à la maison de Capharnaüm pour le ramener chez elle, ou, pour le moins, en prendre soin (Mc 3, 21). Au Calvaire, quand tout est consommé et qu'il n'y a plus rien à faire, elle demeure tranquille, en silence (Jn 19, 25).

* * *

Il est facile d'imaginer ce que ferait une femme d'une telle personnalité, dans les circonstances délicates de l'Église naissante.

Sans forcer la nature des choses, à partir de la manière normale d'agir d'une personne en ce cas, je peux m'imaginer, sans crainte de me tromper, ce que fait Marie au sein de cette Église à ses tout débuts.

Je peux m'imaginer les paroles qu'elle adresse au groupe des disciples quand ils partent pour des terres lointaines, pour y proclamer le Nom de Jésus. Je puis m'imaginer quelles paroles d'encouragement et de consolation elle dit à Pierre et à Jean, après leur arrestation et leur flagellation. Je pourrais même m'imaginer comment elle les guérit en oignant d'huile et de vinaigre leurs blessures, produites par les fouets, comme le ferait la meilleure des infirmières.

Sachant comment on se comportait au temps de l'Évangile, je puis conclure que Marie est là, comme jadis au Calvaire, parmi «les hommes dévots qui ensevelissent Étienne» (Ac 8, 2).

J'ai le droit d'imaginer comment elle est toujours en état de service, au lieu de rester tranquille, comment elle se trouve avec les sept hommes «pleins de l'Esprit Saint et de sagesse», servant les tables des femmes d'origine grecque (Ac 6, 5). Je n'ai aucun doute que la Mère est la première des «diaconesses», au sens original de ce mot.

Elle qui sait recevoir et conserver les nouvelles dans son cœur (Lc 1, 19; 2, 51), je puis me l'imaginer maintenant, parcourant les communautés avec les mêmes paroles en sa bouche: «Faites tout ce qu'Il vous a commandé.» Si l'Église se maintient dans la prière, ne serait-ce pas à cause de l'instance et de l'exemple de la Mère?

C'est un spectacle unique. Les membres des communautés vivent unis. Ils possédent tout en commun. On les voit joyeux. Jamais ils n'emploient les adjectifs possessifs, «mon» «ton»… Tous les jours, ils vont au temple, pleins de ferveur. Ils jouissent de la sympathie de tous. En un mot, ils n'ont qu'une seule âme et qu'un seul cœur. Et tout cela cause une énorme impression sur le peuple. Jamais on n'avait vu chose pareille.

D'où vient ce spectacle de parfaite harmonie? Ne serait-ce pas de la Mère, cette femme pleine de paix et d'équilibre? Que de fois elle doit passer en ces communautés pour leur redire: «Rappelez-vous de quelle manière Il vous répétait 'Aimez-vous les uns les autres!' 'Rappelez-vous que ce fut sa dernière volonté.' Faites tout ce qu'Il vous a commandé: 'Aimez-vous les uns les autres!'»

Là-bas à Bethléem, en Égypte, à Nazareth, Jésus n'était rien sans sa Mère. Elle lui enseignait comment manger, comment marcher, comment parler. Marie en fait tout autant pour l'Église naissante. Elle est toujours derrière la scène. Les disciples savent où elle se trouve: dans la maison de Jean. Marie n'est-elle pas celle qui convoque, encourage et maintient dans la prière le groupe de ceux qui se sont engagés à la suite de Jésus? (Ac 1, 15).

Ne serait-ce pas la Mère qui conseille de remplir le vide laissé par Judas afin de ne pas omettre un seul détail du projet original de Jésus? (Ac 1, 15 ss)? D'où Pierre et Jean puisent-ils l'audace et les paroles qui laissent stupéfaits et muets Anne, Caïphe, Alexandre, et les autres Sanhédrites? (Ac 4, 13). D'où Jean et Pierre tirent-ils bonheur et joie, après avoir reçu les quarante et un coup de fouets moins un, à cause du Nom de Jésus? (Ac 5, 4). Derrière eux se tenait la Mère.

Où Jean va-t-il se consoler après les durs affrontements? Ne vit-il pas avec la Mère? Qui l'encourage à sortir tous les jours au Temple et dans les maisons privées pour proclamer les extraordinaires nouvelles du Seigneur Jésus (Ac 5, 42)? Derrière tant d'audace, nous entrevoyons la Mère de tout courage.

Le jour où Étienne est lapidé se déchaîne une furieuse persécution contre l'Église de Jérusalem, et les disciples se dispersent à travers la Samarie et la Syrie. Les apôtres, cependant, décident de demeurer à Jérusalem (Ac 8, 1 ss). Ce jour-là, les apôtres se réunissent pour trouver consolation et courage. N'est-ce pas dans la maison de Jean, en compagnie de la Mère de tous?

Pierre et Jean apparaissent toujours ensemble en ces premières années. Si Marie vit dans la maison de Jean et si celui-ci trouve courage et conseil auprès de Marie, n'en est-il pas de même pour Pierre? Tous deux en effet se réunissaient dans cette maison de Jean, avec Marie qu'ils vénéraient tellement.

N'est-elle pas la Conseillère, la Consolatrice, le Réconfort, en un mot, l'âme de cette Église qui naît parmi la persécution?

La maison de Jean n'est-elle pas le lieu de réunion aux heures de désarroi, comme aussi aux heures des importantes décisions?

Si nous réfléchissons sur la personnalité de Marie et si nous partons de ses réactions et de son comportement ordinaire du temps de l'évangile, selon toute probabilité nous pouvons la conclure par l'affirmation à toutes ces questions.

La Bible a été écrite en un milieu culturel spécifique. Beaucoup de ses pages l'ont été dans une société patriarcale, en un climat de préjugés à l'égard de la femme. C'est un fait connu que pour le monde gréco-romain comme pour le monde de la Bible, en ce temps-là la femme était un être marginalisé. Dans ce contexte, il n'était pas de bon ton, pour un écrivain, de rehausser les mérites d'une femme. N'eût été ce préjugé, quelles merveilles auraient été contées dans le livre des Actes! Merveilles silencieusement vécues par la Mère...

* * *

Entre les années 80 et 85, le «fils» Jean a plus de 80 ans, il se souvient toujours avec émotion d'une scène déjà lointaine.

En un moment culminant, quelqu'un, du haut de la croix, lui a conféré une mission, avec un caractère d'urgence propre à une ultime volonté: «Jean, prends un soin tout affectueux de ma mère. Fais-le en souvenir de moi!» Il voulait lui dire beaucoup plus que cela, mais aussi cela. Depuis lors, de nombreuses années se sont écoulées. Mais maintenant il se souvient seulement qu'il «l'a accueilli dans sa maison». Rien de plus. Mais quelle plénitude de vie renferment ces brèves paroles! Quelle plénitude de sens!

Quelle a été cette vie? Quelle était la hauteur et la profondeur de communion entre ces deux êtres exceptionnels?

Jean, nous le connaissons. Son âme transpire dans ses écrits comme dans un miroir: ardente comme le feu, douce comme la brise. Jean est un homme affectueux, de cette espèce de gens que la solitude écrase, mais qui, dans l'intimité, s'ouvrent comme une fleur. Marie, nous la connaissons aussi: silencieuse comme la paix, attentive comme une vigie, disponible comme une mère.

Il nous semble que jamais dans ce monde n'a existé une relation entre deux êtres de tant de beauté. Comment cela? Qui a pris soin de qui: le fils de sa mère ou la mère de son fils? Tous les mots humains s'usent et perdent de leur charme. Mais entre Marie et Jean, la parole humaine a récupéré sa fraîcheur originale: tendresse, délicatesse, soin, vénération... tout cela, et beaucoup plus, a tissé l'intimité enveloppante dans laquelle ont vécu ces deux êtres privilégiés. C'est quelque chose d'ineffable.

Quand tous deux parlaient de Jésus, chacun évoquait ses souvenirs personnels. Dans cette méditation à deux, ces deux âmes pénétrantes et ardentes naviguaient dans les eaux profondes du mystère transcendant du Seigneur Jésus Christ... Ce dut être quelque chose à jamais inimaginable. L'évangile de Jean ne serait-il pas le fruit de cette réflexion «théologique» entre Marie et Jean?

De quel soin, de quelle attention Jean entoura la Mère durant les dernières années de sa vie, quand ses forces déclinaient visiblement et que son esprit touchait aux cimes les plus hautes! Quelle dut être l'attente, la peine, et, comment dire? presque l'adoration, quand Jean assiste au passage ineffable et lui ferme les yeux!

Jean est certainement le premier à faire l'expérience de ce que nous appelons «la dévotion à Marie»: amour filial, admiration, disponibilité, confiance...

L'Esprit Saint

Je ne sais ce que Marie a d'unique. Mais là où elle se fait présente, on assiste à une présence retentissante de l'Esprit Saint. Ainsi dès les premiers jours qui suivent l'annonciation, — comment l'exprimer — la «Personne» de l'Esprit Saint prend totale possession de l'univers de Marie. Depuis ce jour, la présence de Marie déchaîne un rayonnement spectaculaire de l'Esprit Saint.

Quand Élisabeth entend le bonjour de Marie, immédiatement elle se sent «remplie de l'Esprit Saint» (Lc 1, 41). Quand la pauvre mère attend son tour, dans le temple, pour le rite de la présentation, l'Esprit Saint s'empare du vieillard Siméon et lui fait prononcer des paroles prophétiques et déconcertantes.

Le matin de la Pentecôte, quand l'Esprit Saint fait une irruption violente et fulgurante sur les apôtres rassemblés, ce groupe n'est-il pas présidé par Marie? On soupçonne une parenté mystérieuse et profonde établie entre ces deux «personnes».

Le livre des Actes est appelé l'«Évangile du Saint-Esprit». Et avec raison. C'est impressionnant: il n'y a pas de chapitre en ce livre où l'on ne mentionne l'Esprit Saint trois ou quatre fois. Ce livre décrit les premiers cheminements de l'Église naissante. Celle-ci, présidée invisiblement par l'Esprit Saint, ne l'est-elle pas aussi par la présence silencieuse de Marie, comme nous venons de le voir?

Or, cette présence si explosive de l'Esprit Saint dans l'Église primitive, ne serait-elle pas, encore une fois, une conséquence de la présence de Marie? Si l'Esprit Saint est l'élan dynamique dans la vie de l'Église et particulièrement en ses premiers débuts, Marie n'est-elle pas l'âme génératrice de cette Église naissante?

On ne sait comment exprimer cela, mais une relation mystérieuse et profonde entre ces deux personnes apparaît évidente. Il semble que la présence de Marie coïncide avec la présence de l'Esprit Saint. Cette relation s'éclaircira un peu quand nous parlerons de la Maternité.

Si les apôtres reçoivent tous les dons de l'Esprit Saint en cette matinée de la Pentecôte, nous pouvons imaginer quelle plénitude reçoit celle qui, naguère, a accueilli la présence personnelle et fécondante de l'Esprit Saint. L'audace et la puissance avec lesquelles se développe l'Église en ces premiers jours de son existence, ne serait-elle pas une participation aux dons de la Mère?

Il faut chercher une autre explication, disons psychologique, de ce courage téméraire des disciples. Dans les coulisses se tenait la Mère. Tous savent qu'elle est dans la maison de Jean, et sous sa vigilance attendrie. Dans cette maison, Jean est le nouveau fils. Mais tous s'y sentent comme des fils.

En vérité, le titre le plus approprié que l'on ait donné à Marie, c'est celui de MÈRE DE L'ÉGLISE.

* * *

Ces réflexions nous aident à comprendre ce que nous dit la recherche historique:

— Marie laisse dans l'âme de l'Église primitive une impression ineffaçable.

— L'Église ressent dès le premier instant une vive sympathie pour la Mère et l'entoure de tendresse et de vénération.

— Le culte et la dévotion à Marie remonte aux premières palpitations de l'Église naissante.

«Une exégèse, qui regarde, écoute, et comprend les commencements, atteste la vénération et la joie que, alors et toujours, l'on a ressenties envers elle[10].»

---

[10] Karl Hermann Schelkle, *Marie, Mère du Rédempteur,* p. 93.

Deuxième partie

PÉRÉGRINATION

« *Elle avança dans un pèlerinage de foi.* »

(Lumen Gentium 58)

« *Demeure en silence devant le Seigneur et compte sur lui.* »

(Ps 36)

Chapitre 3

L'ÉTERNEL CHEMINEMENT

Croire, c'est se confier. Se confier, c'est marcher continuellement devant la face du Seigneur. Abraham est un éternel itinérant, en ligne directe, vers une patrie céleste qui est nulle autre que Dieu. Croire, c'est repartir sans cesse.

Avant d'étudier la foi en Marie, réfléchissons longuement, non sur la nature de la foi, mais sur l'expérience de la foi, en tant que communion avec Dieu.

En ce monde, rien n'est plus facile, pour un théologien, de manipuler les concepts au sujet de Dieu. Mais en ce monde, rien n'est plus difficile que d'arriver à une rencontre authentique avec le Dieu unique qui se trouve toujours au-delà des paroles et des concepts. Pour cela, il faut traverser la forêt de la confusion, la mer de la dispersion et l'obscurité impénétrable de la nuit. C'est la seule manière d'arriver à quelque clarté dans le mystère.

Le mystère

Dieu est impalpable comme l'ombre et en même temps solide comme le roc. Le Père est éminemment mystère. Et le mystère ne se laisse ni saisir ni analyser. On l'accepte avec simplicité, dans le silence.

Dieu n'est pas à la portée de la main comme la main d'un ami que nous pouvons serrer avec émotion. Nous ne pouvons pas toucher Dieu comme nous manipulons un livre, une plume ou une montre. Nous ne pouvons pas lui dire: «Seigneur, viens chez-moi cette nuit. Tu pourras t'en aller demain matin.» Nous ne pouvons pas faire de lui ce que nous voulons. Dieu est essentiellement déconcertant, parce qu'il est essentiellement gratuit. Le premier acte de foi consiste donc à accepter la gratuité du Seigneur. Et le deuxième consiste à accepter dans la paix le sens profond de notre frustration[1].

Cependant si le Père est un mystère inaccessible, il est aussi un mystère fascinant. Si on s'approche de lui, il illumine, il réchauffe. Mais si on s'approche encore plus, alors il brûle. La Bible est l'histoire d'une multitude de personnages qui ont pris feu.

La Bible affirme qu'on ne peut pas voir Dieu en face, c'est-à-dire qu'on ne peut pas le saisir par l'intelligence. Tant que nous marchons dans ce monde, il ne peut être possédé de façon vitale. Pour cela, il faudra attendre d'avoir franchi les portes de la mort… Pendant que nous marchons sur la terre, personne ne peut voir Dieu et rester vivant (Ex. 33, 20). Autrement dit, le Seigneur ne peut devenir l'objet adéquat et normal de la connaissance humaine. Tout ce dont nous nous servons pour le comprendre, ou mieux encore, pour nous mettre d'accord sur ce qu'il est, ne sont que des analogies, des approximations. Par exemple, quand nous disons que Dieu est «père», il faut ajouter tout de suite qu'il est

---

[1] On peut consulter mon livre «*Montre-moi ton Visage*», pp. 133-134.

plus que père, selon notre expérience humaine, qu'il est quelqu'un encore plus beau qu'un père.

De même, le terme de «personne» appliqué à Dieu. Pour nous faire une idée juste de Dieu, nous lui appliquons le contenu de ce terme, et nous disons que Dieu est une personne. Mais Dieu n'est pas, en toute exactitude, une personne, bien qu'en un certain sens il le soit. Ce qui prouve que Dieu n'entre pas adéquatement dans nos concepts et le sens de nos mots. Tous les termes qu'on lui applique ont une forme négative, la négation de nos limites. Tels im-mense, in-fini, in-visible, in-effable, in-comparable. C'est ce que veut dire la Bible quand elle dit qu'on ne peut voir Dieu en face.

Ainsi notre Dieu est toujours au-delà de nos paroles, de nos concepts. Il est absolument «autre», ou absolument absolu. Pour parler avec plus de précision, Dieu ne peut être l'objet de notre compréhension, mais seulement objet de la foi. Cela veut dire que l'on ne comprend pas Dieu. On l'accueille. Et si on l'accueille *à genoux,* on le comprend encore mieux.

* * *

Nous savons que le Père est toujours avec nous, mais jamais il ne nous donnera la main, personne ne le regardera dans les yeux. Ce sont là des comparaisons. En mots plus simples, on veut dire que le Père est absolument différent de nos perceptions, de nos concepts, de nos idées et de nos expressions. On veut dire par là que le mot «Dieu» est une chose, et autre chose Dieu lui-même. Jamais nous n'embrasserons du regard l'immensité, l'amplitude et la profondeur du mystère total de notre Père bien-aimé.

C'est pourquoi, dans la Bible, Dieu est celui qui ne peut être nommé. Trois fois, dans le contexte biblique, la même question est posée: «Qui es-tu?», «Qu'est-ce que tu es?», «Comment t'appelles-tu?». Sur la montagne Moïse demande à Dieu son nom. Et Dieu répond sur le plan de «l'être». «Comment t'appelles-tu?» «Je suis celui qui suis» (Ex. 3, 14). Dieu répond de façon évasive. Il est exactement le «Sans-nom», «l'Ineffable». Ainsi la Bible exprime admirablement la transcendance de Dieu. À un autre moment, Dieu répond de façon significative: «Pourquoi demandes-tu mon nom? Il est mystère» (Jg 13, 18-20).

* * *

Croyants, nous cheminons à travers le monde à la recherche du visage du Père dans la pénombre. Sur cette terre, nous décelons des traces floues de Dieu, mais nous ne pouvons jamais voir son visage.

Les étoiles qui scintillent dans une nuit profonde peuvent évoquer le mystère du Père, mais le Père lui-même est beaucoup au-delà et beaucoup en deçà des étoiles. La musique, les fleurs, les oiseaux peuvent évoquer Dieu, mais Dieu est tout autre que tout cela.

Personne n'a jamais vécu avec autant de familiarité que saint François d'Assise avec toutes nos sœurs les créatures. Pour lui, toutes les créatures étaient une théophanie ou une transparence de Dieu. Mais quand François voulait rencontrer Dieu de manière plus intime, il se réfugiait dans des cavernes solitaires et obscures.

Des traces de Dieu

Dieu est donc bien au-delà de nos dialectiques, de nos processus mentaux, de nos représentations intellectuelles, de nos inductions et déductions. C'est pourquoi notre vie est un pélerinage, parce que nous devons continuer à marcher en cherchant le Visage du Père parmi des ombres profondes.

Quand nous apercevons des traces de pieds sur le sable, nous disons: «Quelqu'un a passé ici.» Nous pouvons même ajouter que c'était un enfant ou un adulte. Ce sont des vestiges. Ainsi du mystère de Dieu sur la terre. D'autres fois, nous le connaissons au moyen de déductions et nous disons: «Ceci n'a pas d'explication possible si nous n'admettons pas une intelligence créatrice.» Notre cheminement dans le monde de la foi s'effectue donc dans les sentiers des analogies, des déductions.

Un aveugle de naissance pourra-t-il jamais deviner la couleur de la flamme d'un feu? Les couleurs ne sont jamais entrées dans son esprit. C'est pourquoi il ne saura identifier, reconnaître et discerner les couleurs. Les couleurs le dépassent. La rétine pourra-t-elle jamais capter le moindre rayon de la gloire de Dieu? Il ne peut entrer dans notre jeu, dans le cercle de nos sens. Il est «au-dessus». Il est sur une autre orbite. Il nous dépasse. Notre Dieu est un Dieu immortel et vivant, sur qui ne descendront jamais la nuit, ni la mort, ni le mensonge. Jamais nous ne pourrons le distinguer par le son, par l'odeur ni par les dimensions.

* * *

Il ne peut être conquis par les armes de l'intelligence. Conquérir Dieu consiste à se laisser conquérir par lui. Dieu peut seulement être reçu. En un mot, il est essentiellement objet de foi. Nous ne pouvons pas saisir Dieu, il est impossible de le dominer intellectuellement. Nous sommes en chemin, nous partons toujours et jamais nous n'arrivons.

Pour les hommes de la Bible, Dieu n'est pas l'objet d'une agréable occupation intellectuelle. Il est quelqu'un qui crée des tensions, qui engendre des drames. L'homme de la Bible est en lutte continuelle avec Dieu. Et, contraste stupéfiant, pour triompher en cet étrange combat, il faut se laisser attaquer et vaincre, comme il arrive à Jacob dans cette nuit célèbre, sur le bord du torrent (Gn 32, 23-33).

Le Seigneur appelle toujours des hommes à ce combat, dans la solitude des montagnes, des déserts ou des cavernes, sur le Mont Sinaï, près du torrent du Yabbock, sur le Mont Carmel, ou le Mont des Oliviers, sur la montagne de l'Alverne ou la caverne de Manrèse.

Insatisfaction et nostalgie

Quelqu'un, venu de la maison du Père, nous révéla que le Père est comme une perle qui reflète une lumière différente de la nôtre... Elle est d'une telle splendeur qu'il vaut la peine de vendre tous nos biens pour pouvoir posséder ce trésor. Devant nos yeux stupéfaits, l'Envoyé Jésus nous présente le Père comme un magnifique crépuscule, comme une aube resplendissante, il allume dans nos cœurs le foyer d'une nostalgie pour Lui.

Il est venu pour nous dire que le Père est beaucoup plus grand, plus admirable, magnifique et incomparable que tout ce que nous pouvons penser, rêver, concevoir ou imaginer. «Les yeux ne virent jamais, les oreilles n'entendirent pas, et le cœur ne pourra jamais imaginer ce que Dieu a préparé pour ceux qu'il aime» (1 Co 2, 9). Tout être qui est dévoré par cette nostalgie est un homme en chemin.

Même avant la venue de Jésus, Dieu avait modelé l'homme à sa propre mesure. Il a imprimé une marque de lui-même en notre intérieur. Il nous a faits comme un puits d'une profondeur infinie qui ne peut se remplir d'une infinité de choses, mais qu'un seul Infini peut remplir. Toutes les facultés et les sens de l'homme peuvent être satisfaits, «l'homme» demeure toujours insatisfait. L'insatisfait est aussi en chemin.

* * *

L'homme est un être étrange parmi tous les êtres de la création; nous nous sentons comme d'éternels exilés, dévorés par la nostalgie d'un Quelqu'un que jamais nous n'avons vu, d'une patrie que nous n'avons jamais habitée. Étrange nostalgie!

Alors que la pierre, le chêne ou l'aigle se sentent remplis et n'aspirent à rien d'autre, l'homme est le seul être de la création qui se sente insatisfait, frustré. Sous nos malaises brûle la flamme d'une profonde insatisfaction. Parfois elle est comme un feu à demi éteint sous la cendre grise. D'autres fois, elle se transforme en une flamme dévorante. Cette insatisfaction est l'autre face de la nostalgie de Dieu, et nous change en des pèlerins qui cherchent la face du Père. Cette insatisfaction est donc pour l'homme à la fois malédiction et bénédiction.

Qu'est-ce que l'homme? Comme une flamme vive, il se dresse vers les étoiles, disposé à lever les bras pour soupirer: «Ô Père!», comme un bébé qui crie toujours: «J'ai soif!» Il songe toujours à des terres qui sont au-delà de ses horizons, à des astres qui sont au-delà de ses nuits. «Un pèlerin de l'absolu», disait Léon Bloy.

Le désert

Croire est donc un éternel cheminement par des routes obscures, toujours vides, parce que le Père habite toujours en des ombres épaisses. La foi est précisément cela: partir en pèlerinage, monter, pleurer, douter, espérer, tomber et se relever, toujours cheminant comme des êtres errants qui ne savent pas où ils dormiront aujourd'hui, où ils mangeront demain. Comme Abraham, comme Israël, comme Élie, comme Marie.

Un symbole de cette foi fut la traversée que fit Israël depuis l'Égypte jusqu'à la terre de Canaan. Ce désert que les chars blindés d'aujourd'hui traversent en quelques heures, fut pour Israël quarante ans de sable, de faim, de soif, de soleil, d'agonie et de mort.

Israël sortit d'Égypte et s'engloutit dans le désert, entre des montagnes, des rochers et du sable. Il y avait des jours où chez Israël l'espérance était morte et les horizons fermés. Puis Dieu prenait la forme d'une ombre très douce, comme celle d'un nuage qui les protégeait des rayons brûlants du soleil. Parfois, dans notre pèlerinage, Dieu agit ainsi: quand son visage se transforme en une présence, il n'y a pas en ce monde de douceur plus grande que Dieu lui-même.

D'autres fois la nuit était noire et lourde, les Israélites avaient peur et ne voyaient rien. Alors Dieu faisait sentir sa présence sous forme d'une fusée d'étoiles et la nuit brillait comme le midi et le désert se transformait en oasis. Mais d'ordinaire le pèlerinage s'avançait dans un désert.

* * *

Ainsi en est-il de notre pèlerinage. Parfois nous avons l'impression que rien ne dépend de nous. Tout à coup, les printemps s'allument et les jours resplendissent. Et, à la nuit tombante, des nuages sombres obscurcissent le ciel sans étoiles.

Ainsi va notre vie. Aujourd'hui nous nous sentons heureux et rassurés, parce que le sourire de Dieu brille sur nous. Aujourd'hui la tentation ne nous fait pas fléchir. Demain, le soleil du Père se cache, et nous nous sentons fragiles comme un roseau, n'importe quoi nous irrite. La jalousie nous dévore. Nous avons envie de mourir. Nous nous sentons comme des fils infidèles, et dans notre malheur nous crions, «Ô Père, viens vite, prends-nous dans ta main.» En cette vie de foi, pour les pèlerins qui cherchent vraiment la face de Dieu, il n'y a pas d'épreuve plus grande que l'absence du Père. Cependant, aux yeux de la foi qui voit l'essentiel, il est toujours présent. Et il n'y a pas de douceur plus enivrante que lorsque la face du Père commence à se laisser deviner derrière les nuages.

La crise

À Cadesh Barnes, Israël se trouva enserré entre le sable et le silence. Il expérimenta de près que le désert pouvait devenir son tombeau. Autour de lui, hautes et menaçantes, s'élevèrent les ombres du découragement, de la peur et du désir de retourner en arrière. Le silence de Dieu tomba sur eux comme la pression de cinquante atmosphères. Effrayés, les pèlerins de la foi commencèrent à crier: «Moïse, où est Dieu? Dieu est-il ou n'est-il pas réellement avec nous?» (Ex. 17, 7).

Quand les disciples entendirent les paroles de Jésus au sujet de l'Eucharistie, ils les reçurent comme des paroles de folie. «Qui peut manger de la chair d'un homme? C'est insupportable. Cette parole est dure. Le Maître a perdu la tête. Allons-nous-en.» Et ils l'abandonnèrent (Jn 6, 66).

Abraham, Gédéon et d'autres combattants de Dieu ne sentaient autour d'eux qu'obscurité, silence et vide, ils cherchaient avec impatience un soutien solide pour vaincre l'impression de ne palper qu'une ombre. Croyant naviguer dans des eaux solitaires et perfides, ils demandaient à Dieu une main secourable pour ne pas périr dans le naufrage, un signe pour ne pas succomber (Gn 15, 8; Jg 6, 17; 1 S 10, 1-7).

Ainsi en est-il de notre vie. Parfois nous nous sentons comme des enfants perdus dans la nuit. Le découragement et la crainte nous envahissent. Nous nous sentons abandonnés, seuls. Nous commençons à douter de la présence du Père derrière le silence. Nous entrons en crise et nous nous demandons si les paroles contiennent une véritable substance. Vivre la foi est un pèlerinage exténuant, comme la traversée d'une longue nuit.

L'aube

Mais viendra le jour de notre mort. Ce jour-là, prendra fin le pèlerinage, viendra la libération, et nous contemplerons éternellement le visage resplendissant du Père.

La foi mourra comme un vieux cierge dont la lumière ne nous est plus nécessaire. Mourra aussi l'espérance, comme un navire puissant et agile qui nous a conduits à travers les vagues, les nuits et les tempêtes jusqu'au port promis, laissant derrière nous le navire sur la rive. Maintenant, il nous reste à nous enfoncer dans les régions infinies de Dieu.

Seuls demeureront l'Amour, la Vie, la Patrie infinie de Dieu. Alors nous vivrons à jamais submergés, envahis et pénétrés par la splendeur d'une présence qui comblera et rassasiera toute notre faim. Et nous répéterons sans cesse: «Ô Père, qui aimes infiniment, tu es infiniment aimé!» Et ces paroles ne vieilliront jamais.

Chapitre 4

BIENHEUREUSE ES-TU, CAR TU AS CRU

La vie de Marie n'est pas une tournée touristique. En touristes bien organisés, nous savons dans quel restaurant nous allons manger aujourd'hui, dans quel hôtel nous coucherons cette nuit, quel musée nous visiterons demain. Tout a été prévu, il n'y a pas de place pour des surprises.

La vie de Marie n'est pas ainsi. La Mère est aussi une itinérante. Elle parcourt les mêmes routes que nous, et au long du chemin elle affronte les caractéristiques de tout pèlerinage: émotions, confusion, perplexités, surprises, peurs et fatigues. Surtout elle se demande souvent: «Qu'est-ce que cela signifie? Est-ce vrai? Que faire? Je ne vois rien. Tout me semble obscur.»

Dans la pénombre

«Le père et la mère s'étonnaient des choses qu'on disait de lui (Lc 2, 33).
Mais eux ne comprirent pas la réponse qu'il leur donna (Lc 2, 30).

49

Depuis les temps de Moïse, une loi existait selon laquelle tout premier-né mâle «d'hommes ou d'animaux» (Ex 13, 1) était une propriété particulière du Seigneur. Le premier-né d'un animal était offert en sacrifice, alors que le premier-né de l'homme était racheté par ses parents d'après un prix établi par la Loi (Lc 2, 24). Toujours selon les obligations du Lévitique qui remontaient au temps du désert, la femme qui avait enfanté était considérée «impure» pour un temps déterminé et devait se présenter au temple pour être déclarée «pure» par le prêtre officiant (Lv 12, 1-8).

Marie se trouvait donc avec l'enfant dans ses bras dans le temple de Jérusalem, près de la Porte Nicanor, à droite du porche, dans l'aile réservée aux femmes. Poussé par l'Esprit Saint, un vénérable vieillard se présente au milieu du groupe, «homme juste et craignant Dieu, il attendait le salut d'Israël» (Lc 3, 24). Sa vie avait été une flamme soutenue par l'espérance, et maintenant cette flamme était sur le point de s'éteindre.

Le vieillard prend l'enfant des bras de sa mère et, tourné vers les pèlerins et les fidèles, prononce d'étranges paroles: «Maintenant, Seigneur, que ton serviteur s'en aille en paix selon ta parole, car mes yeux ont vu ton salut, préparé par toi devant tous les peuples, lumière pour illuminer les nations et gloire de ton peuple, Israël (Lc 2, 29-32). Puis il se retourne vers Marie, pour que tous, avec elle, entendent son message: «Il est ici pour la ruine et la résurrection de beaucoup en Israël, signe de contradiction, parce qu'il révèlera les pensées des cœurs. De plus, un glaive transpercera ton âme» (Lc 2, 34-35).

Quelle est la réaction de Marie devant ces paroles? «Le père et la mère s'étonnèrent des choses que l'on disait de lui» (Lc 2, 33). Tout leur semble étrange. Elle reste muette, «stupéfaite» devant tout ce qui se disait (Lc 2, 33). Tout lui semble tellement étrange. Elle est étonnée? Preuve qu'elle ignore quelque chose, et qu'elle ne comprend pas tout ce qui touche au mystère de Jésus. L'étonnement est une réaction psychologique de surprise devant quelque chose d'inconnu et d'inattendu.

Déjà, avant cet épisode, un autre semblable s'était produit. Par une nuit de gloire. Des bergers gardaient à leur tour leurs troupeaux quand, à l'improviste, une splendeur divine les enveloppa de lumière. Ils virent et entendirent des choses jamais imaginées.

On leur dit que l'Attendu était arrivé, c'est pour cela qu'il y avait chant et joie. On les invita à aller faire une visite de courtoisie. Et les signes pour identifier l'Attendu déjà arrivé étaient ceux-ci: une crèche, et un enfant dans ses langes (Lc 2, 8-15).

Ils y allèrent sans tarder et ils trouvèrent Marie, Joseph et l'Enfant. Et ils racontèrent ce qui leur était arrivé en cette nuit-là. L'évangéliste ajoute: «Et tous ceux qui les entendirent étaient étonnés de ce qu'ils disaient» (Lc 2, 18). Bien sûr, parmi ces gens étonnés de ces merveilles figurent Joseph et Marie.

* * *

Il y eut des jours d'agitation et d'anxiété, tandis qu'on cherchait l'enfant durant plusieurs jours dans Jérusalem. À la fin, les parents le trouvent dans le temple. Et la Mère ne peut réprimer un mouvement de souffrance en lui demandant: «Pourquoi est-ce que tu nous as fait cela?» Question libérant la tension nerveuse et l'angoisse. La réponse du jeune garçon est sèche, vigoureuse, et même distante. «Pourquoi me cherchiez-vous? Ne savez-vous pas que je me dois aux affaires de mon Père?» Véritable déclaration d'indépendance: son unique et total engagement est de faire la volonté de son Père.

Que fait Marie? Elle demeure paralysée, sans rien comprendre (Lc 2, 50). Elle navigue sur une mer d'obscurité, tout en se demandant ce que peuvent signifier ces paroles, et surtout, cette attitude.

Ces trois scènes indiquent clairement que les gestes et les paroles de Jésus exprimant sa nature transcendante, ne sont pas entièrement compris par Marie, ou, du moins, immédiatement assimilés.

Les informations et l'insistance sur «l'étonnement» (Lc 2, 18; 2, 33) et l'incompréhension de Marie (Lc 2, 50) ne peuvent provenir que de sa bouche. La communauté qui la vénère tellement ne pourrait jamais prendre à son propre compte des nouvelles qui diminueraient la dignité et la vénération qu'on a pour elle. Ceci signifie donc que cette information répond rigoureusement à l'objectivité historique, et qu'elle ne peut venir que des lèvres de Marie.

Scène profondément émouvante que voir la Mère, au sein de la communauté, expliquer à un groupe de disciples, simplement et objectivement, qu'elle n'avait pas compris telles paroles, que d'autres l'avaient profondément surprise... Marie est d'une humilité émouvante. Fondamentalement, elle est l'humilité.

Il n'est pas exact de dire que Marie était envahie d'une puissante connaissance infuse, éclairée par des dons exceptionnels et permanents, que toutes les ombres se dissipaient, que tous les voiles tombaient, que tous les horizons lui étaient grandement ouverts, et que, dès les premiers moments de son «appel», elle savait tout de l'histoire du salut, tout de la personne de Jésus et de son destin. Cela contredit le texte et le contexte de l'évangile.

Voilà pourquoi beaucoup de fidèles ressentent un je ne sais quoi au sujet de Marie. Elle a été idéalisée au point de devenir un mythe, on la situe hors de notre portée et de nos routes. De là vient que plusieurs sentent, sans pouvoir se l'expliquer, une certaine gêne devant cette femme mystérieuse, trop idéalisée. Comme nous tous, Marie a découvert peu à peu le «mystère» de Jésus Christ, avec les moyens propres aux «pauvres de Yahvé»: l'abandon, l'humble recherche, la disponibilité totale et confiante. Marie chemine aussi sur des routes solitaires, en des vallées obscures, cherchant à découvrir la face et la volonté du Père. Absolument comme nous.

* * *

L'évangile de Marc rapporte un étrange épisode, plein de mystère. Le contexte de l'événement auquel nous faisons allusion semble signifier que Marie n'a pas compris avec suffisamment de clarté la personnalité et la mission de Jésus, au moins dans les premiers temps de sa prédication évangélique.

Les trois premiers chapitres de Marc montrent que l'activité initiale de Jésus cause une forte impression sur les villes de la Galilée. Partout, de vives discussions surgissent ainsi qu'un profond désaccord parmi les Juifs et parmi sa parenté (Jn 10, 19).

Sans aucun doute, Jésus révèle une personnalité si étrange que même sa parenté en arrive à penser qu'il «a perdu la raison», (Mc 3, 21), et cela, en raison de la puissance de ses prodiges et de ses paroles. En fait, un beau jour, ses parents décident de le mettre sous leur tutelle et de le ramener à la maison. Dans le contexte général du troisième chapitre de Marc, on peut même conclure que la personne qui se trouve à la tête de ce groupe de parents venus pour le ramener est Marie elle-même. De l'analyse psychologique d'un tel comportement, nous pouvons conclure qu'à cette époque Marie n'a pas une connaissance exacte de la nature de Jésus. De quoi s'agit-il réellement? Se peut-il que Marie soit aussi déconcertée que la parenté devant les pouvoirs de thaumaturge de Jésus? Veut-elle, comme d'autres personnes, le ramener à la maison pour en prendre soin, parce qu'il «n'avait même plus le temps de manger»? (Mc 3, 20).

Encore une fois, nous arrivons à la même conclusion: Marie parcourt nos chemins de la foi. Elle aussi cherche parmi les ombres le vrai visage de Jésus.

* * *

Aux noces de Cana, Marie a déjà fait de grands progrès dans la connaissance du mystère profond de Jésus. Tout d'abord Marie se meut dans une zone purement humaine. Elle agit comme une mère sûre de posséder un ascendant sur son fils, elle se sent en parfaite communion avec lui et se comporte comme celle qui sait qu'elle peut obtenir une grande faveur.

«Marie croit qu'elle vit en communion avec son Fils, mais en réalité elle se trouve seule. Cependant, grâce à cette épreuve, elle entre en une nouvelle relation avec son Fils: une communion de foi. 'Faites ce que lui vous dira.' Peu importe ce qu'elle dit, mais ce que lui dira, bien que Marie ignore la décision de Jésus[1].»

Après la rude réponse de Jésus, Marie passe à un plan supérieur. Pour elle, tout devient clair. Peu importe que sa gloire maternelle soit ternie. Elle sait d'ores et déjà que pour Jésus tout est possible. Concept que la Bible ne réserve qu'à Dieu seul.

«Si Marie ne peut obliger Jésus en vertu de son droit maternel, elle le peut au contraire par une réalité qui provient de la communion dans la foi.

Sa foi est authentique, elle ne peut être une prétention ni une exigence, mais une confiance en celui qui peut tout ce qu'il veut et quand arrivera son heure, parce que c'est ainsi que ce doit être[2].»

Il n'est pas indifférent que Jean ajoute que, après cet épisode, Marie descend avec Jésus à Capharnaüm (Jn 2, 12). Qu'est-ce que cela signifie? Que Marie cesse d'être simplement mère pour commencer à devenir disciple. Que l'expérience de ce prodige met en fuite tous ses doutes, lui fait surmonter les alternances de lumière et d'obscurité, la submergeant totalement dans une clarté totale.

Entre la lumière et l'obscurité

Qu'y a-t-il entre la lumière et l'obscurité? La pénombre, qui n'est qu'un mélange de lumière et d'ombre. Si

---

[1] Karl Hermann Schelkle, *Marie Mère du Rédempteur,* p. 74.
[2] Karl Hermann Schelkle, *ibid.,* p. 76.

nous comparons les textes évangéliques, nous voyons que la vie de Marie est ainsi: une navigation sur une mer de lumières et d'ombres.

Considérons les paroles que Marie prononce le jour de l'annonciation, et nous constatons qu'elle reçoit une révélation complète et parfaite de Celui qui devait fleurir silencieusement dans son sein: «Il sera grand et il sera appelé le Fils du Très-Haut, son règne n'aura pas de fin» (Lc 1, 32).

Sans doute aucun, la visite splendide de Dieu ce jour-là l'envahit d'une infusion extraordinaire de lumière et de science. Il est certain que l'inondation personnelle et fécondante de l'Esprit Saint est accompagnée de ses dons, particulièrement de l'esprit de sagesse et d'intelligence. À la lumière pénétrante de cette présence unique de l'Esprit Saint en ce jour-là, Marie voit tout très clairement.

À l'opposé, les textes que nous venons d'analyser plus haut nous révèlent qu'un peu plus tard Marie «ne comprenait pas certaines choses et qu'elle s'étonnait devant d'autres. Or, si au jour de l'annonciation Marie comprend clairement la réalité de Jésus, un peu plus tard, semble-t-il, elle ne la comprend plus aussi bien. Que s'est-il passé entre temps? Peut-être y a-t-il contradiction? L'évangéliste, dans sa rédaction, aurait-il été mal informé?

* * *

Selon nous, ce substratum obscur et contradictoire est plein de grandeur humaine, et Marie émerge d'une telle obscurité encore plus lumineuse que jamais. Elle n'est pas un démiurge, c'est-à-dire un étrange composé de déesse et de femme. Elle est une créature comme nous. Une créature exceptionnelle, évidemment, mais pas exceptionnelle au point de cesser d'être une créature. Elle passe par tous nos sentiers humains, avec leurs imprévus et leurs carrefours.

Il nous faut situer Marie dans la densité du contexte humain: ce qui nous arrive à nous peut lui arriver à elle, tout en gardant intacte sa grande fidélité au Seigneur Dieu.

En fait, qu'arrive-t-il parmi nous? Témoins, les consacrés à Dieu, dans le sacerdoce ou la vie religieuse. Un jour lointain, dans la fleur de la jeunesse, ils ont été irrésistiblement séduits par le Christ; tout était alors évident comme l'azur du midi: c'était Dieu qui appelait, et il appelait pour la mission la plus sublime. Ceci était tellement clair qu'ils s'embarquèrent avec Jésus Christ dans la plus fascinante des aventures.

Plusieurs années ont passé. Et combien de ces consacrés vivent aujourd'hui dans la confusion, doutant que Dieu les ait jamais appelés, trouvant que la vie de consacré n'a plus aucun sens. Comment se fait-il que ce qui autrefois était une épée fulgurante, puisse nous paraître aujourd'hui du fer tout rouillé? Il faut garder les pieds sur terre: nous sommes ainsi faits.

Un mariage. Lui disait que dans le ciel il n'y avait pas d'étoile plus brillante qu'elle. Elle était certaine que même avec la lanterne de Diogène, elle n'aurait pas trouvé dans le monde entier un être plus parfait que lui. Tous deux reconnaissaient être faits l'un pour l'autre. Il y eut quelques années de bonheur. Puis, l'habitude comme une ombre malfaisante pénétra dans leur vie.

Peut-être aujourd'hui traînent-ils une existence languissante et il leur arrive de penser qu'ils auraient dû épouser quelqu'un d'autre. Comment se fait-il que ce qui était lumière un jour devienne ensuite obscurité? Il faut le répéter : nous sommes ainsi faits. Nous ne sommes pas des êtres géométriques; l'être humain n'est pas constitué rigoureusement de lignes droites.

Nous sommes ainsi: peu de sécurités et une montagne d'insécurités. Le matin, nous voyons clair et le soir, tout est obscur. Une année, nous adhérons à une cause; l'année suivante, déçus, nous l'abandonnons.

* * *

Cette ligne ondulée et ondulante de la vie humaine pourrait expliquer le fait que Marie voyait clair à une époque déterminée, et ne voyait plus si clair à une autre.

Est-ce manquer de respect envers Marie que de penser qu'elle aussi, elle a éprouvé le poids du silence de Dieu? qu'elle a connu la déception, la confusion, et même le doute, dans une période déterminée de sa vie?

Au jour de l'annonciation, le ton solennel des paroles semble lui promettre un chemin inondé de la splendeur inextinguible de prodiges. Quelques mois après, au moment de l'accouchement, elle se trouve seule et presque abandonnée. Et elle doit fuir comme une vulgaire exilée politique et vivre sous des cieux étrangers. Et durant les interminables trente années, il ne se passe rien de spécial. Années de monotonie et de silence.

À quoi devait-elle s'attendre? À ce qui paraissait si prometteur le jour de l'annonciation, ou à la réalité, dure et froide? La sérénité de Marie n'aurait jamais été troublée par la perplexité? Ce qui nous arrive à nous, pourquoi cela ne pouvait-il lui arriver à elle?

Elle conservait toutes ces choses, les méditant dans son cœur (Lc 2, 19)

Que fait Marie durant ses heures d'angoisse? Elle nous l'apprend elle-même: elle s'accroche aux anciennes paroles pour pouvoir rester debout.

Ces paroles sont comme une lampe que Marie garde allumée avec soin, tout le temps. Elle y parvient en les méditant dans son cœur (Lc 2, 19; Lc 2, 50). Ce ne sont pas des feuilles mortes, mais des souvenirs vivants. Quand de nouveaux événements lui semblent énigmatiques, déconcertants, la flamme allumée des vieux souvenirs lui sert de lumière à l'heure d'incertitude actuelle.

Ainsi Marie avance jour après jour parmi les lumières lointaines et les ombres présentes, dans l'attente d'une clarté totale. Les différents textes évangéliques et leur contexte général disent clairement que la compréhension du mystère trancendant de Jésus par Marie se réalise grâce à une adhésion continue et intégrale à la volonté du Père qui se manifeste quotidiennement dans de nouveaux événements.

La même chose nous arrive à nous. Plusieurs personnes ont eu, un jour, des visites gratuites de Dieu, ont expérimenté vivement sa présence, elles ont reçu des grâces infuses et des dons gratuits extraordinaires. Ces moments demeurent imprimés dans leur âme comme des blessures brûlantes. Ce furent des heures d'ivresse spirituelle.

Les années passent. Dieu se tait. Ces personnes sont assaillies par la dispersion et la tentation. La monotonie les envahit. Le silence de Dieu se prolonge obstinément. Pour ne pas succomber, ces personnes doivent s'accrocher éperdument au souvenir des expériences merveilleuses du passé.

Ne nous imaginons pas que Marie, dans sa grandeur, n'ait jamais été assaillie par le désarroi. Sa grandeur consiste plutôt en ce fait que, lorsqu'elle n'a pas compris quelque chose, elle ne se laisse pas aller à l'angoisse, à l'impatience, à l'irritation et à l'anxiété.

Par exemple, Marie n'affronte pas son garçonnet de 12 ans par des interpellations hystériques. Elle ne harcèle pas Siméon de questions sur le glaive, sur le signe de contradiction.

Au contraire, Marie adopte la conduite exemplaire des serviteurs de Yahvé: pleine de paix, de patience et de douceur, elle accepte les paroles, elle les enferme en elle-même, se recueille en pensant à leur sens profond, afin d'y découvrir la volonté de Dieu. Elle est semblable à ces fleurs qui se ferment quand disparaît la lumière du soleil; elle aussi s'arrête pour scruter dans l'intime d'elle-même; dans la paix, elle cherche à se mettre en syntonie avec la déconcertante volonté de Dieu, en acceptant le mystère de la vie.

* * *

À nous aussi, il arrive de ressembler aux créatures de Prométhée. Des circonstances douloureuses surgissent et nous enlacent comme des serpents implacables. Nous nous croyons la proie d'une fatalité aveugle: des malheurs nous tombent dessus, l'un après l'autre, surprenants et brutaux. La trahison nous épie derrière les ombres. Et même, qui l'aurait jamais pensé? dans notre propre maison. Parfois, on expérimente la fatigue de vivre, et l'on aurait envie de mourir.

Qu'est-ce qu'on obtient en luttant contre l'inévitable? Dans de telles circonstances, il fait bon se comporter comme Marie: se taire et demeurer en paix. Nous, nous ne savons rien, le Père sait tout. Si nous pouvons faire quelque chose pour changer le cours des événements, faisons-le. Autrement, si les circonstances ne peuvent être changées par notre intervention, à quoi nous sert-il de lutter contre elles?

Marie peut venir tout près et nous dire: «Mes enfants, je suis le chemin, suivez-moi. Faites comme j'ai fait: parcourez la même route que moi, et vous appartiendrez au peuple des bienheureux. Bienheureux ceux qui, au cœur de la nuit, croient dans la splendeur de l'aube.»

Chapitre 5

VERS L'INTIMITÉ DE MARIE

S'abandonner

Croire, c'est avoir confiance. Croire, c'est consentir. Croire, c'est surtout adhérer de toute son âme. En un mot, croire, c'est aimer. À quoi sert un raisonnement intellectuel, s'il n'implique pas, s'il n'imprègne pas toute la vie? Il ressemble à une partition sans mélodie.

Croire, c'est «marcher en présence de Dieu» (Gn 17, 1). La foi est en même temps un acte et une attitude qui saisit, intéresse et pénètre toute la personne humaine, sa confiance, sa fidélité, son assentiment intellectuel et son adhésion psychologique. Elle engage l'histoire entière d'une personne: jugements, activités, comportements, inspirations vitales.

Tout ceci se réalisa parfaitement chez Abraham, père et modèle de foi. Il reçut un ordre: «Quitte ton pays, ta patrie et la maison de ton père»... (Gn 12, 1) et une promesse: «Je ferai de toi un grand peuple et je te bénirai» (Gn 12, 2). Abraham crut. Que signifie pour lui «croire»? Ce fut signer un chèque en blanc au Seigneur, lui ouvrir un accompte infini et inconditionnel, se fier contre tout bon sens ordinaire, espérer contre toute espérance, s'abandonner aveuglément et sans calcul, mettre fin à une situation de sécurité, et partir «comme l'avait ordonné le Seigneur» (Gn 12, 4), à 75 ans, vers un monde inconnu, «sans savoir où il allait (He 11, 8). Voilà ce qu'est croire: s'abandonner inconditionnellement.

La foi biblique est cette adhésion à Dieu. Celle-ci a pour objet principal non les dogmes ou les vérités *sur* Dieu, mais la «personne» de Dieu et l'abandon à sa volonté. Ce n'est donc pas en premier lieu un processus intellectuel, un passage de prémisses à des conclusions, des combinaisons logiques, un mélange de concepts ou de présupposés intellectuels. La foi est essentiellement une adhésion vitale, une adhésion existentielle à la personne de Dieu et à sa volonté. Quand cette adhésion intégrale au mystère de Dieu existe, les vérités et les dogmes qui se réfèrent à lui s'acceptent naturellement, sans conflits intellectuels ou psychologiques.

Des hommes de foi

Nous trouvons au chapitre 11 de la lettre aux Hébreux une analyse descriptive — en un certain sens, une psychanalyse — de la nature de la foi. C'est l'un des chapitres les plus impressionnants du Nouveau Testament: il ressemble à une galerie de figures immortelles qui défilent sous nos yeux étonnés. Ce sont des figures remarquables, sculptées dans une foi adulte, des hommes et des femmes qui ne se laissent pas abattre parce qu'ils possèdent une envergure intérieure qui étonne et qui stupéfie; des personnes capables d'affronter des situations surhumaines pour ne pas se séparer de leur Dieu.

Ce chapitre nous rappelle à chaque verset, avec une sorte de refrain obstiné, que tant de grandeur est uniquement dû à l'adhésion inconditionnelle au Dieu vivant et vrai: «dans la foi», «par la foi», «au moyen de la foi», expressions qui reviennent à tout moment.

* * *

Nous voyons les patriarches dormir sur le sable, dans leurs tentes de campagne. Par la foi, ils vivent errants à travers un désert brûlant et hostile. Ils doivent toujours habiter en des terres étrangères dont les habitants les regardent avec méfiance (He 11, 8-13).

Forts de leur foi, d'autres durent affronter des bêtes féroces, étrangler des lions, faire taire la violence dévorante des flammes et, je ne sais comment, ils réussirent à s'échapper quand l'épée était déjà sur leur gorge. Par la foi, ils récupérèrent une vigueur dans leur faiblesse, et une poignée d'hommes, armés d'une foi adulte, mirent en une fuite humiliante de puissantes armées rangées en ordre de bataille (He 11, 33-35).

Par la foi, sûrs de leur Dieu, ils subirent, en paix et sans résister, une mort violente. Par la foi, les uns acceptèrent en silence les injures, d'autres supportèrent, sans se plaindre, les quarante coups moins un. Par la foi, ils préférèrent les chaînes d'une prison à la liberté de la rue. Pour ne pas se séparer de leur Dieu, ils se laissèrent lapider sans protester.

Par la foi, ils terminèrent leur vie, les uns coupés en deux par la scie, les autres tués par l'épée. Pour ne pas trahir leur Dieu, ils vécurent errants et fugitifs en escaladant les montagnes, en traversant les déserts; ils se vêtirent de peaux de brebis et de chèvres, simulant ainsi des formes hallucinantes afin de désorienter leurs persécuteurs; ils se cachèrent dans des grottes et des cavernes, poursuivis, affamés, opprimés et torturés (He 11, 35-39).

Et tout cet inoubliable drame, ils le durent à leur foi. Mais non à une foi comprise. Ils firent tout cela pour ne pas se séparer de leur Dieu vivant et vrai.

La foi de ces ancêtres était une adhésion amoureuse à leur Dieu. «Ni la mort, ni la vie — dira saint Paul — ni les autorités, ni les puissances d'oppression, ni les ennemis visibles ou invisibles, ni les hauteurs ni les profondeurs, rien ni personne en cet univers sera capable de me séparer de l'amour de Jésus Christ, mon Seigneur» (Rm 8, 38-48).

Une affirmation-clé

Les paroles les plus belles de l'Écriture sont celles-ci: «Voici l'esclave du Seigneur; qu'il me soit fait selon sa Parole» (Lc 1, 38). Cette déclaration est comme une radiographie de l'âme de Marie et capte ses vibrations les plus intimes. De Marie, nous savons peu de choses, mais nous en savons assez. Il suffirait de revoir la vie de Marie à la lumière de cette affirmation pour connaître ses dispositions et ses réactions à chacun des instants de sa vie.

L'irrésistible

Nazareth est un village insignifiant de la Palestine septentrionale, avec une fontaine au centre de la place publique, entouré d'une campagne relativement fertile qui s'étendait jusqu'à la vallée de l'Esdrelon.

Ici vit Marie. Selon les calculs de Paul Gechter, si nous nous fions aux coutumes de la Palestine de ce temps-là, Marie doit avoir à cette époque environ treize ans (Paul Gechter, *op. cit.*, pp. 139-143). Nous ne pouvons pas comparer nos jeunes filles de treize ans aux jeunes filles de cet âge-là à cette époque. Le développement humain varie notablement selon le climat, l'époque, les coutumes, les indices de croissance et de longévité. Qu'il nous suffise de savoir qu'en ce temps-là la loi considérait nubiles les jeunes filles de douze ans, et généralement à cet âge, elles étaient promises en mariage. En tout cas, Marie est une toute jeune fille.

Bien qu'elle soit très jeune, les paroles solennelles que l'ange lui adresse de la part de Dieu indiquent que Marie jouit d'une plénitude intérieure et d'une stabilité émotive très supérieures et sans proportion avec son âge.

En effet, il est significatif que dans son salut l'ange omet le nom propre de Marie. Le périphrase «pleine de grâce» sert de nom propre: «Bonjour, la remplie de grâce!»

Nous sommes donc en face d'une jeune fille qui est l'objet d'une prédilection divine. Dès les premiers moments de son existence, avant de naître, elle a été préservée du péché originel dans lequel elle aurait dû naître, et en même temps elle est comme un jardin de délices, cultivé avec soin par le Seigneur Dieu, irrigué de grâces, de charismes, de science et de toutes sortes de merveilles.

C'est pour cela qu'on lui dit que «le Seigneur est avec elle», expression biblique qui manifeste une intervention extraordinaire de la part de Dieu. Cela ne veut pas dire que le traitement de faveur la transforme en une princesse céleste hors de notre humanité. Nous ne devons jamais perdre de vue que Marie est une créature comme nous, bien que traitée d'une manière spéciale en vue d'une destinée tout aussi spéciale.

À l'entrée de l'ange

Il est difficile, ici, de se mettre dans une attitude de contemplation respectueuse à l'intérieur de Marie.

La scène de l'annonciation est palpitante d'une intimité concentrée. Il faut s'immerger dans cette atmosphère intérieure, capter, davantage par intuition contemplative que par un effort intellectuel, le contexte de vie et l'émotion intime et profonde de Marie. Qu'éprouve-t-elle? Quel sentiment envahit la Vierge en ce moment-là?

Où et comment cela se passe-t-il? Dans sa maison? Dans la campagne? Sur la montagne? À la fontaine? Sous forme d'une vision? d'une parole intérieure non équivoque? L'ange apparaît sous une forme humaine? «L'ange en entrant où elle était», cet «en entrant» doit-il se comprendre dans son sens littéral et spatial? Par exemple, comme quelqu'un qui frappe à la porte quelques coups, puis entre dans la maison?

Pourrait-on le comprendre en un sens moins littéral et plus spirituel? Par exemple, comme si Marie était dans une profonde intimité avec Dieu, abîmée en sa présence, sans paroles, et comme si la communication entre la Servante et le Seigneur se passait dans un profond silence. Tout à coup ce silence est interrompu. Et, dans cette intimité à deux, dans ce jardin fermé, quelqu'un entre. Pourrait-on l'expliquer ainsi?

Ce que nous savons d'une certitude absolue, c'est que la vie normale de cette jeune fille de campagne est interrompue sous une forme surprenante par une visite extraordinaire du Seigneur Dieu.

> «Marie, devant l'apparition et l'annonce de l'ange, se sent troublée.
> Elle aussi, la comblée de grâce, expérimente la proximité de Dieu avec une force redoutable et déconcertante[1].»

On lui fait une double proposition, l'une aussi stupéfiante que l'autre. Marie ne s'attendait pas à cela, bien loin de là. Elle vit normalement et tout simplement abandonnée dans les mains de son Seigneur, comme la sentinelle qui attend l'aurore. Elle demeure toute confuse devant ce qu'on lui dit.

La confidence de Marie à Élisabeth permet de saisir comment elle interprète l'annonce de ces prodiges. Marie se considère comme la «plus petite» entre les femmes de la terre (Lc 1, 48). S'il y a quelque grandeur en elle, elle ne l'a pas méritée, c'est pure gratuité et prédilection de la part du Seigneur. Or la sagesse de Dieu choisit entre les femmes de la terre précisément la créature la plus insignifiante afin de manifester et de

---

[1] Karl Hermann Schelkle, *Marie, Mère du Rédempteur*, p. 72.

prouver que Dieu seul est le Magnifique. Il la choisit, elle, privée de dons personnels et de charismes pour qu'il soit évident aux yeux du monde entier que les «merveilles» du salut ne sont pas le fruit de dons personnels mais de la grâce de Dieu. Telle est son interprétation. Nous voilà donc devant une jeune fille intelligente et humble, inspirée par l'esprit de sagesse.

Deux propositions

On lui annonce d'abord qu'elle sera mère du Messie. C'était le rêve doré de toute femme en Israël, particulièrement depuis les jours de Samuel. Devant le salut de l'ange et cette proposition fantastique, la jeune fille demeure «troublée», confuse, comme quelqu'un qui ne se sent pas digne de tant d'honneur; en un mot, elle est dominée par une sensation d'émotion et d'étonnement.

Mais la stupeur de Marie augmente encore devant la deuxième affirmation: cette maternité messianique s'effectuera sans participation humaine, d'une manière prodigieuse. Elle fera fi de tout le processus biologique, et une création originale et directe surgira des mains du Tout-Puissant pour qui tout est possible (Lc 1, 37).

Devant cette apparition et ces deux projets inouïs, l'on se demande comment cette jouvencelle peut ne pas être bouleversée, épouvantée, et ne prend pas la fuite.

L'adolescente demeure pensive, en silence. Elle pose une question. Elle reçoit la réponse. Elle demeure pleine de douceur et de sérénité. Or, si une jeune fille, impliquée en des circonstances tellement stupéfiantes, reste capable de garder son calme et de maîtriser ses émotions, ceci veut dire que nous sommes devant une créature d'un équilibre exceptionnel au centre d'un paramètre psychologique normal. D'où lui vient une telle sécurité? Le fait d'être Immaculée doit avoir une influence décisive, parce que les déséquilibres sont généralement le résultat troublant du péché, c'est-à-dire de l'égoïsme. Et surtout, à notre avis, l'équilibre de Marie est le fruit de sa profonde immersion dans le mystère de Dieu, comme nous le verrons plus loin.

Il nous semble que jamais personne n'a expérimenté comme Marie, en ce moment, le poids de la solitude sous l'énorme responsabilité historique que le Seigneur lui impose. Pour savoir exactement ce que ressent Notre-Dame en ce moment, essayons de voir en quoi consiste cette sensation de solitude.

Se sentir seul

Tous nous portons dans notre constitution personnelle une frange de solitude qui fait que nous sommes différents les uns des autres. Personne d'autre n'accède à notre solitude, et personne ne peut le faire. Dans les moments décisifs, nous sommes seuls. Dieu seul peut descendre dans les profondeurs les plus intimes de nous-mêmes. L'individualisation, ou la conscience de notre identité personnelle, consiste à «être et à nous sentir différent» les uns par rapport aux autres. C'est l'expérience et la sensation «d'être là», comme conscience consciente et autonome.

Imaginons une scène: je suis agonisant sur mon lit de mort. Les personnes qui m'entourent sont celles qui m'aiment le plus au monde, et elles essaient de «m'accompagner» à l'heure du passage de la vie à la mort. Elles essaient d'être avec moi en ce moment. Eh bien, malgré les paroles affectueuses, les consolations et l'amour que me prodiguent ces êtres aimés, en ce moment, «je me sens seul, je suis seul». En cette agonie, personne n'est avec moi, ni ne peut l'être. Au plus profond de moi-même, personne «n'est avec moi». Les caresses atteindront mon épiderme, mais personne n'est avec moi dans les régions les plus intimes et définitives de mon être. Personne ne peut m'accompagner dans la mort; c'est une expérience absolument personnelle et solitaire.

Cette solitude existentielle, qui se révèle clairement dans l'exemple de l'agonie, apparaît aussi avec la même clarté au long de la vie. Si vous subissez une douloureuse épreuve ou un échec, vos amis et vos frères viendront sûrement vous réconforter et vous encourager. Eux partis, vous demeurez seul, complètement seul, sous le poids de votre malheur. Personne, sauf Dieu, ne peut partager cette épreuve avec vous. Les êtres humains peuvent «être avec nous» jusqu'à un certain point. Mais dans les profondeurs les plus définitives, nous sommes absolument seuls.

Cette solitude existentielle, nous l'expérimentons vivement à l'heure de prendre des décisions, à l'heure d'assumer de lourdes responsabilités. Même si on est entouré d'un tas de conseillers à nos côtés, ce sentiment de solitude, un père de famille, un évêque, un médecin, un chef d'état, le Saint-Père même le ressentent.

On peut demander une évaluation, convoquer des réunions, consulter des experts... mais à l'heure de prendre une décision importante devant Dieu et les hommes, on est seul.

N'importe qui d'entre nous qui accepte une certaine responsabilité à l'égard de personnes qui lui sont confiées, fait l'expérience du poids de cette responsabilité qui est toujours le poids de la solitude: dans une paroisse, dans la gérance d'une usine, à la tête d'un mouvement syndical.

Décider

À partir de cette explication, nous pouvons comprendre la situation de Marie à l'heure de l'annonciation. Jeune, intelligente, réfléchie, elle mesure exactement son énorme responsabilité. Devant elle s'élève comme une muraille sa responsabilité historique. Et devant la muraille, elle se trouve seule et sans défense. On vient de lui adresser une demande et elle n'a qu'à y répondre.

Selon le contenu de sa réponse, sa vie perdra son équilibre, elle le sait. Si elle dit non, sa vie s'écoulera tranquillement, ses enfants grandiront, les petits-enfants arriveront et sa vie se terminera normalement dans le périmètre de la montagne de Nazareth.

La réponse affirmative entraînera avec elle de sérieuses implications; un véritable chaos se déchaînera sur cette existence ordinaire et tranquille. Avoir un fils avant le mariage implique pour elle le libelle du divorce de la part de Joseph, elle risque d'être lapidée pour cause d'adultère, elle sera socialement marginalisée et demeurera stigmatisée par la parole la plus injurieuse qui soit pour une femme en ce temps-là = «harufa», la violée.

De plus, au-delà des considérations humaines et sociales, être la mère du Messie implique — elle le sait — l'entrée dans le tourbillon d'une tempête: en butte aux contradictions, la fuite en Égypte, la persécution, le désastre du Calvaire, chemins de sang et jours de larmes.

Le saut

La jeune fille mesure la hauteur et la profondeur de ce moment historique. Quelle sera sa réponse?

On demeure impressionné en pensant à ceci: comment se fait-il que cette fille ne s'effondre pas sous un tel poids? ses nerfs ne la trahissent pas, elle ne pleure pas, elle ne s'évanouit pas, ne crie pas, ne cherche pas à s'enfuir. Elle ne se précipite pas chez sa mère pour demander conseil.

> «Comment a-t-elle pu supporter ceci sans tomber abattue, et sans se lever arrogante parce que choisie entre tous les êtres humains?
>
> La charge qu'on lui imposait, elle devra la porter dans une solitude absolue, dans l'incertitude et l'insécurité parce qu'il s'agissait d'une chose qui arrivait pour la première et unique fois. Et cela, face à l'énorme contraste entre la pauvreté de la réalité et la splendeur de la promesse[2].»

L'on demeure abasourdi et stupéfait devant l'humilité infinie, la grande maturité et le naturel que

---

[2] K.H. Schelkle, *op. cit.*, p. 73.

manifeste Marie en assumant le mystère dans une immense solitude. Toute l'histoire ne suffira pas pour admirer une telle grandeur.

Scène inénarrable. Consciente de la gravité du moment, et consciente de sa décision, pleine de paix, debout, solitaire, sans consulter personne, sans aucun appui humain, elle sort d'elle même, fait le grand saut, se fie, permet et... s'abandonne.

Une nuée de doutes a dû s'abattre sur la jeune fille: «C'est vrai que Sara a conçu à quatre-vingt-dix ans, c'est vrai que ma tante Élisabeth est devenue enceinte à un âge avancé, mais, dans mon cas, toute imagination est dépassée: sans participation humaine. Jamais une telle chose n'est arrivée. Le cours normal des choses est renversé. Est-ce possible? Personne ne s'en rend compte sinon moi seule dans le secret de mon cœur. Et si la nouvelle se divulgue, personne ne pourra y croire et l'accepter, on va dire que je suis folle; quand Joseph s'en rendra compte, que dira-t-il? Mon Dieu, que vais-je faire? Que vais-je répondre?»

Et la pauvre enfant, dans la solitude de sa foi adulte, saute par-dessus toutes les perplexités et tous les problèmes, et pleine de paix, d'humilité et de douceur, elle a confiance et s'abandonne. «FIAT! J'accepte, Père.»

> «Marie accepte le risque et dit le oui de sa vie sans autre motif que sa foi et son amour...
>
> Si la foi se caractérise précisément par la décision audacieuse et la solitude sous le poids de la mission voulue par Dieu, la foi de Marie fut unique. Elle est le prototype du croyant[3].

---

[3] G.H. Schelkle, *op. cit.*, p. 73.

Marie est une pauvre pèlerine. Par son «*Fiat, qu'il me soit fait*», Marie entre dans la grande aventure de la foi adulte. Ayant fait ce pas, Marie brûle ses navires, elle ne peut plus reculer. Elle est de la race d'Abraham, elle est beaucoup plus qu'Abraham sur le Mont Moriah. Elle est la fille forte de la race des pèlerins qui se sentent libres de sauter par-dessus le sens commun, les choses normales et les raisons humaines, se lançant dans le mystère insondable et fascinant des Trois fois Saints, répétant sans cesse «Amen, qu'il me soit fait, Fiat». Oh! Femme pascale, le peuple des béatitudes est né avec sa reine à sa tête.

La servante

«Je suis la servante du Seigneur; qu'il me soit fait selon sa Parole» (Lc 1, 38). Ce sont là, croyons-nous, les plus belles paroles de l'Écriture. Il est sûrement téméraire de prétendre jeter de la lumière sur la profondeur contenue dans cette simple affirmation. Nous essaierons seulement d'ouvrir les portes de ce monde inépuisable, mettant sur les lèvres de Marie d'autres paroles qui nous sont plus accessibles.

«Je suis une servante. La servante n'a aucun droit; les droits de la servante sont dans les mains de son Seigneur. La servante ne peut prendre aucune initiative, mais seulement accepter les décisions du Seigneur.»

«Je suis une pauvresse de Dieu. Je suis la plus pauvre de toute la terre, par conséquent je suis la créature la plus libre du monde... Je n'ai pas de volonté propre, la volonté du Seigneur est ma volonté. Votre volonté est ma volonté, je suis la servante de tous. En quoi puis-je les servir? Je suis la Dame du monde parce que je suis la servante du monde.»

Qui est donc Marie? Elle est cette femme qui dit oui à son Seigneur, et reste ensuite fidèle à cette décision jusqu'à ses ultimes conséquences et jusqu'à la fin de ses jours. Elle est cette femme qui présente un chèque en blanc, celle qui ouvre un crédit infini et inconditionnel à son Seigneur Dieu. Et jamais elle ne retourne en arrière, jamais elle ne revient sur sa décision.

«Qu'il me soit fait en moi»

Grammaticalement, Marie fait usage de la voix passive. Par cette déclaration, elle s'offre comme un territoire libre et disponible. De cette façon, Notre Dame manifeste une extraordinaire confiance, un abandon audacieux et téméraire dans les mains du Père; qu'il arrive ce qui arrivera, elle accepte tous les risques, se soumet à toutes les éventualités et exigences que l'avenir pourra lui réserver.

Evely dit qu'à l'instar d'un système parlementaire, Dieu, comme pouvoir exécutif, présente une proposition, et Marie accepte cette proposition divine. Cette interprétation ne nous convainc pas. Il nous semble que le «*qu'il soit fait*» de Marie renferme une ampleur et une universalité beaucoup plus vaste que l'acceptation de la maternité divine.

Marie se meut à l'intérieur des Pauvres de Yahvé, et dans ce contexte elle ne se réfère pas directement, mais implicitement, à la maternité. Après tout, la maternité divine constitue une gloire immortelle, et l'accepter est un acte agréable et facile... Dans le *qu'il me soit fait* se cache beaucoup plus de profondeur et d'ampleur : quelque chose palpite comme une consécration universelle, un abandon sans réserves et sans limites, une acceptation de toute émergence voulue ou permise par le Père, et qu'elle, Marie, ne pourra pas changer. Le *qu'il me soit fait* de Notre-Dame dit en fait « Amen » à la nuit de Bethléem, sans abri, sans berceau, sans femme qui aide à l'accouchement. « Amen » à la fuite en Égypte inconnue et hostile, « amen » au silence de Dieu durant trente ans, « amen » à l'hostilité du Sanhédrin, « amen » au déchaînement des forces politiques, religieuses et militaires qui entraînera Jésus au crucifiement et à la mort, « amen » à tout ce que le Père dispose et qu'elle ne peut changer.

En un mot, avec son *qu'il me soit fait*, Marie entre en plein dans le courant tumultueux et profond des pauvres de Yahvé, ceux qui jamais ne demandent, ne posent des questions, ou ne protestent, mais qui s'abandonnent en silence, et mettent leur confiance entre les mains toutes puissantes et tout aimantes de leur cher Seigneur et Père.

Par voie de contraste

Dans l'évangile de Luc, la foi adulte de Marie est comme une mélodie qui se déploie au sein d'une noble symphonie. Et cette foi est rehaussée brillamment par une orchestration où s'opposent les attitudes de Marie et de Zacharie.

Dans la maison où sont descendus simultanément la bénédiction d'un fils et le châtiment d'un père, parce que Zacharie n'a pas cru, Élisabeth dit à Marie: «Heureuse es-tu, toi qui as cru que pour Dieu tout est possible, fille bien-aimée de Sion.» Toutes les merveilles qui t'ont été communiquées s'accompliront à la lettre pour récompenser ta foi. Au contraire, voici Zacharie qui ne peut parler parce que, à cause de son incrédulité, il est devenu muet.

À Zacharie on annonce qu'avec sa femme, couple «d'âge avancé», ils vont avoir un fils «revêtu de l'esprit et du pouvoir d'Élie» (Lc 11, 17).

À Marie on annonce que, «sans connaître d'homme», germera dans son sein solitaire, sous l'ombre de l'Esprit Saint, un Fils qui sera grand et dont le règne durera jusqu'à la fin des temps (Lc 1, 33).

Zacharie ne croit pas. «Impossible. Je suis un vieillard, ma femme est aussi d'un âge avancé. En tous cas, ange Gabriel, donne-moi un signe que cela arrivera (Lc 1, 18).

Marie croit. Elle se transforme en la Mère de Dieu, bénie entre toutes les femmes et proclamée bienheureuse par toutes les générations à venir.

Ce matin-là, en cette région montagneuse de Juda, il y a une fête de l'Esprit, et au moment culminant de la fête se répètent en chœur, solennellement entre Marie, Élisabeth et Zacharie, ces paroles au cœur de toute foi: «parce que, pour Dieu, rien n'est impossible» (Lc 1, 37).

Chapitre 6

MARIE FACE AU SILENCE DE DIEU

Dans cette recherche de Dieu, vécue au jour le jour, ce qui déconcerte le plus, c'est le silence de Dieu. «Dieu est celui qui se tait toujours depuis le commencement du monde; c'est le fond de la tragédie», disait Unamuno.

L'épreuve

Saint Jean de la Croix exprime admirablement bien dans ces versets immortels le silence de Dieu:

«Où t'es-tu caché,
Mon aimé, qui m'as laissé gémissant?
Comme le cerf, tu as fui après m'avoir blessé,
Je suis sorti derrière toi en criant,
Et tu étais parti.»

La vie de foi, la vie avec Dieu est un exode, une poursuite permanente, «après toi, en criant». Ici commence l'éternelle odyssée des chercheurs de Dieu. Histoire lourde et monotone, capable d'user toute résistance, à chaque instant, à chaque essai de prière, quand il semble que cette «face» de Dieu est à portée de la

main, mais déjà «tu étais parti». Le Seigneur s'enveloppe du manteau du silence et demeure caché. Il ressemble à un visage toujours en fuite et inaccessible,
comme quelqu'un qui apparaît et disparaît, comme
quelqu'un qui est proche et qui s'éloigne, comme
quelqu'un de concret et qui s'évanouit.

Le chrétien a été séduit par la tentation et s'est laissé
aller par faiblesse. Dieu se tait, il ne dit même pas une
parole de reproche. Supposons le cas contraire: par un
effort généreux, ce chrétien surmonte la tentation. Dieu
se tait encore, pas même une parole d'approbation.
Vous-même, vous avez passé une nuit entière, veillant
devant le Saint-Sacrement. Vous êtes le seul à avoir
parlé toute la nuit, et l'Interlocuteur s'est tu; quand, à
l'aurore, vous sortez de la chapelle, fatigué et somno-
lent, vous n'entendez pas une aimable parole de recon-
naissance ou de politesse. La nuit entière, l'Autre s'est
tu, et au moment où l'on se sépare, il se tait encore.

Au jardin, les fleurs parlent, les moineaux parlent,
au firmament les étoiles parlent. Dieu seul se tait. On
dit que les créatures parlent de Dieu, mais Dieu lui-
même se tait. Tout, dans l'univers, est une immense
et profonde évocation du mystère, mais le mystère s'évanouit dans le silence.

Tout à coup l'étoile disparaît de la vue des rois mages
et ils se trouvent complètement désorientés. Jésus, sur
la croix, éprouve une infinie solitude, l'absence de son
Père, l'abandon…

* * *

Autour de nous, l'univers se peuple d'énigmes et
de problèmes. Cette maman de trente-deux ans qui

meurt dévorée par un cancer, laissant après elle six petits enfants. Et ce bébé de trois ans, qu'une méningite aiguë laisse invalide pour la vie. Cette famille qui disparaît dans un accident, un dimanche après-midi, au retour de la plage. Et ce pauvre type, père de neuf enfants, limogé par un patron arbitraire et brutal, victime d'une calomnie, mis à la rue, sans emploi, sans logis et sans pain. Et ces mansardes orientales, ces misérables cabanes… Où est Dieu? que fait-il? N'est-il pas Père? N'est-il pas tout-puissant? Pourquoi se tait-il?

C'est un silence obstiné et insupportable qui, lentement, mine les résistances les plus solides. On est plongé dans la confusion. Des voix murmurent en nous: «Où est ton Dieu?» (Ps 41). Ce ne sont pas sarcasmes voltairiens ni arguments d'un athée intellectuel.

Le croyant est envahi par le silence enveloppant et déconcertant de Dieu et, peu à peu, il est dominé par une vague impression d'insécurité: ce silence est-il réel, ou n'est-il que le produit de l'esprit? Si c'est la réalité la plus solide de l'univers, alors on se sent naviguer sur des eaux mouvantes, déconcertantes. Ici se réalise ce que dit le psaume 29: «Tu as caché ton visage et je suis resté déconcerté.»

Le prophète Jérémie a expérimenté avec une acuité terrible ce silence de Dieu. Il se demande, après avoir supporté à cause de Yahvé toutes sortes d'attentats, de moqueries et d'assauts, si en fin de compte Dieu ne serait, peut-être, rien d'autre qu'un mirage, une simple vapeur d'eau?

Seuls un profond esprit d'abandon et une foi solide nous délivreront du découragement et nous éviteront d'être brisés par le silence de Dieu.

La foi adulte est celle qui «sait que, derrière le silence, Dieu respire», et que, derrière les montagnes, s'annonce l'aurore. L'essentiel demeure toujours caché à la rétine de l'œil ou de la sensibilité intérieure. L'essentiel, la réalité ultime reste seule accessible à la vue pénétrante de la foi pure et nue, de la foi adulte.

La marche de la foi

Regardons le comportement de Marie devant le silence de Dieu. Par la route moderne, Nazareth est à 150 kilomètres de Bethléem. Il se peut que dans ce temps-là la distance ait été un peu plus grande.

> «Les chemins du pays n'étaient pas encore tracés par les Romains, des maîtres en la matière. Ils étaient mauvais et à peine utilisables par les caravanes d'ânes et de chameaux.
>
> Dans le meilleur des cas, les conjoints ne trouvaient à leur disposition qu'un seul âne pour transporter les victuailles et les objets les plus nécessaires, l'un de ces ânes que l'on voit encore aujourd'hui en Palestine, à la suite des marcheurs[1].»

Nous ne savons pas si Marie était absolument obligée de se présenter pour le recensement. Il semble que non. De toute façon, le fait est que Joseph se dirige vers Bethléem «avec Marie son épouse qui était enceinte» (Lc 2, 5).

> «Ces paroles peuvent très bien souligner une délicate allusion à l'une des raisons pour lesquelles Marie y alla: c'est-à-dire, la proximité de l'enfantement, une circons-

---

[1] G. Ricciotti, *Vie de Jésus-Christ*, p. 259.

tance qui signifiait qu'il n'était pas convenable de la laisser seule[2].»

Marie ne peut pas faire partie d'une caravane à cause de sa grossesse. Les caravanes avancent toujours à une certaine vitesse, ce qu'une femme enceinte dans son neuvième mois ne peut supporter. La Mère doit donc marcher lentement, avec d'éventuels arrêts de repos, en compagnie de Joseph, sur l'un de ces ânes doux que l'on voit fréquemment en Palestine. À cause de son état, le voyage est lent et fatigant pour la Mère. Nous pouvons calculer que dans ces circonstances le voyage s'est effectué en huit ou dix jours. En novembre commence la saison des pluies en Palestine: les chemins de caravanes sont boueux, striés de rigoles d'eau, et sans doute des bouts de chemins sont impraticables. Et le froid les accompagne pendant tout le trajet, spécialement dans les plaines battues par le vent de l'Hermon.

* * *

De nouveau, il faut nous mettre en état de contemplation pour nous introduire à l'intérieur de Marie, ausculter ses pulsations spirituelles et admirer sa beauté intérieure.

Pauvre et digne, la jeune fille avance avec difficulté. Aujourd'hui le jour s'annonce froid et pluvieux, la route sera particulièrement difficile. Mais dans sa spiritualité de «servante», elle n'a pas le droit de réclamer. Aux inclémences de la température, elle n'a qu'une réponse: *qu'il me soit fait*. Et la Mère demeure remplie de paix, malgré la pluie et le froid.

---

[2] G. Ricciotti, *ibid*, p. 259.

La jeune femme, sur le point de devenir mère pour la première fois, vit entre l'émotion et la crainte. Le silence de Dieu, comme un ciel obscur plein de questions, s'abat sur elle. On devine les questions qui sans doute l'assaillent: «Quand commenceront les douleurs de l'enfantement? Y aura-t-il des complications, ou tout se passera-t-il bien? Arriverons-nous à Bethléem avant l'accouchement? Et si l'enfant naît en chemin, que ferons-nous? Y aura-t-il une femme expérimentée qui puisse m'aider en ce moment?» Dieu reste silencieux. Devant ces interrogations et d'autres du même genre, la Mère n'est pas irritée ni anxieuse. Pleine de paix, elle répond à plusieurs reprises: *«Qu'il me soit fait!* Père, je m'abandonne à toi.» Jamais on n'a vu sur terre une femme aussi remplie de paix, de force, de douceur et d'élégance.

Où dormir cette nuit? À ce détour de chemin, sur le flanc de cette montagne? dans cette caverne de boue et de vent? Il est tard pour chercher un endroit convenable. Dieu ne donne aucun signe de vie. Marie réussit seulement à dire: «Seigneur, nous avons fait notre possible. *Qu'il me soit fait.* Je m'abandonne à ta volonté.» Et ce *fiat* inextinguible libère Marie de toute angoisse, de tout découragement.

Les jours passent. Quand les événements leur sont contraires, Marie ne s'agite pas, elle s'abandonne. «Ils durent dormir dans des lieux publics de repos qui se trouvaient le long du chemin; ils s'étendaient par terre comme les autres voyageurs, entre les chameaux et les mulets[3]. Et Dieu demeure silencieux. Que fait Marie?

---

[3] Ricciotti, *ibid.*, p. 259.

Elle ne pleure pas, car les pleurs sont une sorte de protestation, et la servante du Seigneur ne peut pas protester, mais accepter. Son *qu'il me soit fait* lui donne perpétuellement un état intense de calme, de sérénité et de dignité, une attitude intérieure unique. Rien au monde, ni circonstances douloureuses, ni éventualités surprenantes, ne pourra déséquilibrer la stabilité émotive de Marie. Avant d'être Notre-Dame, elle est la Maîtresse de son propre cœur.

Une douceur inébranlable

Ils arrivent à Bethléem. Luc dit qu'il n'y avait plus de place pour eux dans l'hôtellerie (Lc 2, 7). De ce fait, nous pouvons imaginer des situations embarrassantes pour Marie, mais très enrichissantes pour notre contemplation.

Cette hôtellerie dont parle Luc était simplement l'auberge des caravanes, le *khan* actuel des Palestiniens.

«C'est un local sans toiture, entouré d'un mur assez haut, avec une seule porte.

Les bêtes restaient au centre, à l'air libre, et les voyageurs se plaçaient sous les porches ou entre les animaux.. Et dans cet assemblage turbulent d'hommes et de bêtes, on parlait de négoce, on priait, on chantait, on dormait, on mangeait, on pouvait naître, on pouvait mourir[4].»

Quand l'évangéliste dit qu'il n'y a plus «de place» pour eux dans l'auberge des caravanes, Ricciotti affirme que la phrase est plus «diplomatique» qu'il ne paraît.

---

[4] Ricciotti, *ibid.*, pp. 259-260.

De la place, ils en trouveraient dans l'hôtellerie. «Jamais en Orient un aubergiste ne dit que tout est occupé[5].» Physiquement, il y avait de la place. En ajoutant «pour eux», Luc veut indiquer de façon voilée que l'endroit n'était pas favorable à un enfantement imminent.

Quand donc la pauvre Mère et Joseph se présentent à l'auberge et qu'ils entendent ce vacarme de cris d'hommes et de bêtes, Marie demeure abasourdie en pensant que l'enfantement pourrait se faire devant la curiosité générale de tant de gens. Aussi préfère-t-elle un autre lieu, tout incommode et humide qu'il puisse être, pourvu qu'il soit solitaire et discret.

Ainsi Jésus naît dans une grotte pour les deux raisons historiques suivantes: la pauvreté et la pureté. La pauvreté, car l'argent ouvre toutes les portes de ce monde. Et la pureté, cet ensemble de délicatesse, de dignité et de pudeur dont Notre-Dame semble toujours auréolée. La Mère délicate préfère un lieu tranquille bien qu'incommode pour éviter la curiosité générale à l'heure de l'enfantement. Ces deux joyaux brillent de façon spéciale sur le front de la jeune mère.

Ricciotti ajoute que Marie «voulut entourer son enfantement d'une réserve révérentielle».

Notre analyse peut nous conduire à d'autres conclusions. Si Marie, en dernier ressort, cherche un coin dans les caravansérails, cela signifie qu'auparavant, avec Joseph, ils avaient épuisé les possibilités de trouver un endroit dans une maison de leurs parents, amis et connaissances, qu'ils devaient avoir sans aucun doute

---

[5] William, *Vie de Marie*, 1950, p. 102.

à Bethléem. S'abandonner à la volonté de Dieu ne veut pas dire se croiser les bras et attendre, mais faire, de notre part, tout notre possible pour résoudre les difficultés. Et à l'heure des résultats, peu importe ce qu'ils sont, s'abandonner dans les mains de Dieu. C'est sans doute ce qu'a fait la Mère.

> «L'imagination populaire place ici des scènes émouvantes. Marie et Joseph vont de porte en porte, d'un refus à un autre. Les évangélistes ne racontent rien à ce propos, mais quelque chose du genre a dû se passer. C'eût été la chose la plus naturelle [13].»

Entrons une nouvelle fois dans l'intimité de Marie. Le Ciel ne se manifeste pas. Il est urgent de trouver un endroit. Les douleurs de l'enfantement peuvent commencer n'importe quand.

Marie est jeune. Elle n'est pas encore aguerrie par les coups de la vie. Elle est encore très sensible. Sensible par tempérament, sans doute, mais plus encore par l'état émotif de crainte dans lequel se trouve toute femme à l'heure de son premier enfantement.

Les autres connaissances, les autres parents, les autres amis, leur ont fermé toutes les portes, tous les horizons, toutes les espérances. Circonstances suffisantes pour ébranler l'équilibre émotif de la plus forte des femmes. Mais rien ne réussit à changer l'humeur de cette jeune fille. Son perpétuel *qu'il me soit fait* la libère de l'anxiété, ce *fiat* lui confère une force indestructible et la laisse en un état de calme, de douceur, de dignité et de grandeur.

---

[6] William, *ibid.*, p. 103.

Toutes les possibilités de logement sont épuisées, et le Ciel reste muet, Dieu se tait. Marie, indestructible, fait un dernier effort pour trouver un coin dans l'hôtellerie des caravanes. En voyant que cet endroit n'est pas adéquat, Marie et Joseph vont à la recherche d'un lieu discret et tranquille.

C'est ainsi que la servante du Seigneur, toujours entre les mains du Père, pleine d'une douceur inébranlable, attend le grand moment.

La mère fugitive

Mais voilà que le Ciel parle: «Joseph, prends l'enfant et sa mère, va en Égypte, et restez-y jusqu'à ce que je te dise autre chose» (Mt 2, 13).

Ces quelques paroles soulèvent un tas de questions dans le cœur maternel. «Pourquoi Hérode cherche-t-il cet enfant? Comment a-t-il appris sa naissance? Quel mal a-t-il fait pour que le roi cherche à le faire mourir? En Égypte, et pourquoi pas en Samarie, ou en Syrie, ou au Liban, où Hérode ne règne pas? Comment gagnerons-nous notre vie là-bas? Quelle langue parlerons-nous? En quel temple irons-nous prier? Jusqu'à quand devrons-nous rester là? 'Jusqu'à ce que je te dise autre chose.' Les persécuteurs sont-ils proches?»

Encore une fois, le terrible silence de Dieu s'abat sur la jeune femme comme un sombre nuage. Combien de fois la même chose arrive-t-elle dans nos propres vies! Tout à coup, tout semble absurde. Rien n'a de sens. Nous nous sentons comme un jouet pris dans un tourbillon. Tout semble soumis à une fatalité aveugle et sinistre. Si Dieu existe et s'il est tout-puissant, pourquoi permet-il tout cela? Pourquoi se tait-il? Nous avons envie de nous révolter contre tout et de tout renier.

Marie ne se révolte pas, elle s'abandonne. À chaque question, elle répond par son *fiat*. Une servante ne pose pas de questions, elle se livre. «Mon Seigneur, je m'abandonne en silence entre tes mains. Fais de moi ce que Tu voudras, je suis disposée à tout, j'accepte tout. Je lutterai avec mes dents et mes ongles pour protéger la vie de l'enfant et ma propre vie. Mais durant la lutte et après, en tes mains, je dépose le sort de ma vie.» Et la Mère, en silence et dans la paix, entreprend la fuite à l'étranger.

* * *

En ce moment Marie devient une fugitive politique. L'existence de cet enfant menace en effet la sécurité d'un trône. Et ce trône, pour sa propre sécurité, menace l'existence de l'enfant, d'où sa fuite dans les bras de sa mère.

Pour connaître l'état d'âme de Marie durant cette fuite, il faut comprendre la psychologie du fugitif politique. Un tel fuyard va de frisson en frisson, de sursaut en sursaut. Il ne peut dormir deux nuits de suite dans le même endroit. Tout inconnu est pour lui un éventuel délateur. N'importe quel suspect est pris pour un policier en civil. Le fugitif vit dans la crainte, constamment sur la défensive.

Telle est la vie de la pauvre mère durant ces jours-là, de frisson en frisson: «Ces gens qui nous suivent, c'est peut-être des agents d'Hérode? Ceux qui sont devant nous, ceux qui sont arrêtés là en sont peut-être. Est-ce prudent de dormir ici? Qu'est-ce qui vaut mieux, voyager de jour ou de nuit?»

La fuite se réalise aussi selon la psychologie propre à tout fugitif, c'est-à-dire lentement et rapidement. Lentement, parce qu'on ne peut pas passer par les grands chemins où pourrait être postée la police d'Hérode. Aussi faut-il faire des détours par les montagnes et par les chemins secondaires, par Hébron, Bersabée, l'Idumée. Et rapidement, parce qu'il est urgent de sortir des limites du royaume d'Hérode et de traverser la frontière à El-Arish.

> «En approchant du delta du Nil, le désert classique s'étend comme une mer de sable, où il n'y a ni buisson ni touffe d'herbe, ni pierre. Rien que du sable.
>
> Les trois fugitifs durent se traîner laborieusement durant le jour sur les sables mouvants, sous une chaleur épuisante, passer la nuit étendus sur la terre, en ne comptant que sur le peu d'eau et de nourriture qu'ils emportèrent avec eux, à savoir, ce qui suffisait pour une semaine.
>
> Le voyageur actuel qui doit affronter une telle traversée devra passer plusieurs nuits sans sommeil à la belle étoile dans la désolation de l'Idumée; durant le jour, il rencontrera un petit groupe d'hommes et même une femme avec son enfant sur son sein. Il les verra taciturnes et perdus dans leurs pensées, comme résignés à la fatalité, alors qu'ils s'éloignent, désolés, vers une étape inconnue.
>
> Celui qui a connu de telles expériences et fait de telles rencontres dans le désert, y a vu bien plus qu'une scène de couleur locale, mais des documents historiques touchant le voyage des fugitifs de Bethléem[7].

---

[7] Ricciotti, *ibid.*, p. 250.

Et au milieu de cette vaste solitude humaine et enveloppée du silence encore plus impressionnant de Dieu, la Mère fugitive s'en va avec l'air d'une grande dame, figure pathétique, humble, abandonnée dans les mains du Père, pleine d'une douceur inébranlable, répétant sans cesse son «amen», tout en essayant de n'être pas reconnue par la police.

L'épreuve de l'usure

Parmi les tactiques les plus efficaces pour détruire une personne ou une institution, l'on se sert de l'arme psychologique de l'usure. On dit que l'eau, tombant goutte à goutte, finit par perforer les entrailles d'un rocher. Être un héros pendant une semaine ou un mois est relativement facile, car c'est enthousiasmant. Ne pas se laisser briser par la monotonie des années est autrement plus difficile.

À notre avis l'épreuve la plus grande vécue par Marie est celle du Calvaire; mais l'épreuve la plus dangereuse pour sa foi est celle des trente années passées sous la coupole du silence de Dieu. La blessure du «glaive» (Lc 2, 35), si profonde et sanglante qu'elle soit, n'est pas aussi menaçante pour la stabilité émotive de Marie que ces interminables trente années qui enveloppent psychologiquement son âme du manteau de la routine et de l'usure. Pour comprendre la traversée périlleuse de ces trente années par Marie, nous allons méditer sur d'autres cas semblables.

Abraham avait soixante-quinze ans, selon la Bible, quand un fils lui est promis. Mais Dieu retarde l'accomplissement de sa promesse, et soumet la foi d'Abraham à l'épreuve de l'usure. Les années passent, le fils ne vient pas et la foi d'Abraham se fait moins vive. Plusieurs années s'écoulent, l'enfant ne venant pas, sa foi dévale une pente jusqu'au moment où elle tombe dans une profonde dépression. Pour ne pas succomber, Abraham exige de Dieu un signe (Gn 15, 8).

Au milieu du siècle dernier, Bernadette Soubirous est l'objet de nombreuses manifestatins célestes. Puis subitement, le Ciel se tait, et le silence l'accompagne jusqu'au jour de sa mort. Silence très déconcertant pour Bernadette, qui est même en proie à des doutes sérieux sur l'objectivité de ces apparitions maintenant lointaines.

Il en est toujours ainsi: plus intense est la lumière du soleil, plus profondes sont les ombres. Plus la manifestation de Dieu est éclatante, plus lourd est le silence qui suit. C'est ce qui arrive à Marie. Mettons-nous en contemplation au centre de son expérience.

* * *

La monotonie a toujours la même face: les longues heures, les longs jours, les années interminables. Les voisins enfermés dans leur maison, l'hiver, où il fait vite sombre, tous deux, la Mère et le fils, demeurent là, face à face; il travaille, il mange, il prie… Toujours la même chose d'une journée à l'autre; chaque année semble une éternité, on a l'impression que tout est paralysé, tout reste identique, comme une steppe immobile.

Que fait Marie? Durant des heures qui semblent une éternité, tandis qu'elle moud le blé, prépare le pain, apporte le bois de la montagne et l'eau de la fontaine, elle retourne dans sa tête les paroles qu'un jour, déjà si lointain, l'ange lui a communiquées: «Il sera grand, il s'appellera le Fils du Très-Haut, son règne n'aura pas de fin» (Lc 1, 32). Les paroles anciennes étaient resplendissantes, la réalité qu'elle a devant les yeux est tout autre: un jeune garçon qui travaille, silencieux, solitaire, réservé... «Il sera grand»: il n'est pas grand, non, il ressemble à tous les autres.

Et Marie devient de plus en plus perplexe. Tout cela est-il vrai? N'a-t-elle pas été victime d'une hallucination? Ces paroles ne seraient-elles pas simplement des rêves de grandeur?

* * *

La suprême tentation dans notre vie de foi est de vouloir une évidence, de chercher à saisir la réalité avec les mains, de chercher à palper l'objectivité comme on palpe une pierre froide, de prétendre sortir des eaux mouvantes pour toucher la terre ferme, de vouloir s'échapper d'une nuit obscure pour ouvrir les yeux et voir le soleil, de dire à Dieu: «Père incomparable, donne-moi une garantie pour m'assurer que tout cela est vrai, transforme-toi en feu, en tourmente, en ouragan, ici, devant mes yeux.»

Marie ne fait pas cela. Toute perplexe qu'elle soit, elle ne s'agite pas. Elle reste tranquille, elle s'abandonne sans condition, sans résister, à cette monotonie qui est pour elle l'expression de la volonté du Père. Quand tout paraît absurde, elle répond *amen* à l'absurde lui-même, et l'absurde disparaît. Au silence de Dieu, elle répond avec son *qu'il me soit fait,* et le silence se transforme en présence. Au lieu d'exiger de Dieu une garantie de véracité, Marie s'attache plus fortement à la volonté de Dieu, elle demeure en paix et le doute se transforme en douceur.

À Nazareth, la vie sociale est invariablement monotone. Les nouvelles concernant les agitations nationalistes et les répressions impérialistes y arrivent comme un écho éteint et en retard, sans grand impact; elles ne dérangent personne.

Le jeune garçon a déjà 15, 18, 20 ans. Aucune manifestation, aucune nouveauté, tout est silence. Grand danger pour la foi de Marie: le découragement ou le vide peut la gagner. Mais elle n'ouvre pas la porte aux doutes.

* * *

Le fils est maintenant un homme adulte de 25, 28 ans. Son cousin Jean, le fils de Zacharie, est en train d'émouvoir la capitale théocratique, attirant des foules au désert. Et le fils? Il est là, il parle à peine, il va dans les maisons pour fixer une fenêtre, réparer une table, une chaise; il monte sur le toit pour fixer une poutre, il fait des jougs pour les bœufs. La Mère observe, médite, se tait. Le fils ne se prépare à aucune mission, n'a aucune activité particulière. Le jeune homme est semblable à tous les autres. Les paroles de l'annonciation ressemblent vraiment à de beaux songes d'une nuit d'été.

Et elle? Ne lui a-t-on pas dit que toutes les générations l'appelleraient bienheureuse? Impossible. Elle approche de l'autre versant de la vie. Elle paraît prématurément vieille, comme il arrive toujours dans les pays sous-développés. Sa vie ne se distingue guère de la vie de ses voisines. Depuis tant d'années rien de spécial ne lui est arrivé, et aucune nouveauté ne s'annonce à l'horizon. Parfois, tout paraît tellement vide, sans aucun sens... Certainement la vie de Marie est assaillie, mais jamais abattue, par une horde de questions qui se succèdent par vagues.

Pour ne pas succomber, Marie déploie toute sa foi adulte, foi pure et nue, qui ne s'appuie que sur Dieu seul.

Son secret: ne pas résister, mais s'abandonner. Elle ne peut rien changer, ni le mystérieux retard de la manifestation de Jésus, ni la routine qui, comme une ombre, enveloppe et envahit tout, ni le silence déconcertant de Dieu... Si Marie ne peut rien changer, pourquoi résister? Le Père le veut ainsi ou le permet ainsi. Par conséquent, «Père, je m'abandonne à toi.»

Seul le déroulement d'une grande intimité de Marie avec le Père et l'abandon inébranlable en ses mains libère Marie du pire écueil en son pèlerinage. Ainsi Marie va traverser ces trente années, naviguant sur la barque de la foi adulte.

* * *

La même chose arrive dans la vie religieuse ou sacerdotale: on a reçu l'onction sacerdotale, on a fait profession religieuse. Les premières années, tout est nouveau. La générosité initiale permet de déployer de puissantes énergies, on obtient de brillants résultats; ceux-ci, à leur tour, enflamment l'enthousiasme. Quinze ans, vingt ans passent. La nouveauté s'est usée, sans qu'on sache comment, sans que personne ne s'en aperçoive. La routine, comme une ombre, commence à tout envahir: le bureau, la paroisse, le collège, l'hôpital, la chapelle, et surtout... la vie. Arrivent la fatigue, le découragement et maintenant il devient difficile de rester fidèle, et beaucoup plus difficile de continuer «à briller comme les étoiles éternelles» (Dn 12, 3).

La même chose arrive dans le mariage. La nouveauté et la fraîcheur des premiers temps, l'attente du premier bébé maintiennent très haut la flamme de l'idéal. Mais ensuite, les années passent, les époux se meuvent dans le cercle fermé de quelques horizons immuables, la monotonie s'installe pour de bon et remplace la nouveauté. Peu à peu viennent les crises qui menacent parfois la stabilité conjugale.

Pour n'importe qui et dans tout état de vie, Marie est un modèle. Son courage et sa force, sa foi adulte nous libèreront nous aussi de toute asphyxie.

Un glaive

L'épreuve suprême pour la foi de Marie — car il n'y a pas de grandeur sans épreuve — est sans aucun doute le Calvaire.

La foi de Marie atteint certainement son expression la plus forte, là, au pied de la Croix. En effet, ce *fiat* de l'annonciation est réduit sans hésitation au pied de la Croix.

* * *

Il se peut que l'histoire à la fois la plus laconique, la plus complète et la plus pathétique de la Bible se résume en ces paroles: «Près de la croix de Jésus, sa mère était debout» (Jn 19, 29). Ces brèves paroles évoquent un vaste univers aux implications transcendantes pour l'histoire du salut.

Plus loin, nous parlerons amplement de la maternité spirituelle qui naît ici, au pied de la croix. Pour l'instant, contemplons simplement la foi de Marie en cette circonstance.

Pour mieux saisir le mérite et par conséquent la grandeur de la foi de Marie, posons-nous cette question-clé: Marie connaissait-elle le sens total de tout ce qui s'accomplissait en cet après-midi sur le Calvaire? Savait-elle, par exemple, tout ce que nous savons maintenant du sens transcendant et rédempteur de cette mort sanglante?

La réponse à ces questions permettra de mesurer la douleur et la profondeur de la foi de Marie. Et la réponse dépendra tout à la fois de l'image ou de la perception, souvent sentimentale, que chacun se fait de la personne de Marie.

De toute façon, il nous faut distinguer clairement en Marie la connaissance de ce qui se passe sur le Calvaire, et la foi. La grandeur de Marie ne vient pas d'une connaissance plus ou moins grande, mais de sa foi.

* * *

Pour savoir exactement ce qui se passe en Marie cet après-midi-là, ne tenons pas Marie pour un être abstrait et solitaire, isolé de son groupe humain, mais comme une personne normale qui vit dans son milieu. Nous sommes tous ainsi, les êtres humains, et sans aucun doute Marie.

Dans le contexte évangélique, la mort de Jésus a aux yeux des apôtres un caractère de catastrophe finale. Tout est fini. Cette impression et cet état d'âme se réflètent admirablement dans la scène d'Emmaüs. Cléophas, dans sa surprise et sa tristesse de voir son interlocuteur ignorer les événements récents qui sont pour lui une blessure fraîche et douloureuse, finit par dire: «Nous espérions», comme quelqu'un qui voudrait ajouter ensuite: «mais tout est perdu». Un beau rêve, mais un rêve!

À l'opposé, Caïphe et le sanhédrin ont la ferme conviction que, une fois Jésus mort, c'en sera fait de son mouvement. Et ils ont raison, parce que c'est cela même qui va arriver. Quand les apôtres voient Jésus aux mains de ses ennemis, ils oublient leurs serments de fidélité, et chacun cherche à sauver sa propre vie; c'est la débandade, ils abandonnent tout. Trois jours après, ils sont toujours cachés, les portes bien barrées (Jn 20, 19), pour sauver au moins leur peau, puisqu'ils ont perdu leur chef.

Tel est leur état d'âme: dans le sépulcre dormait, enseveli pour toujours, un beau rêve à côté du Rêveur. D'où leur résistance obstinée à croire aux nouvelles de la résurrection. Le jour de la Pentecôte, l'Esprit Saint illumine tout le panorama de Jésus. Ce n'est qu'à ce moment-là qu'ils savent vraiment qui est Jésus Christ.

* * *

Et Marie? D'abord, n'oublions pas que Marie fréquente ce groupe des disciples, désorienté et abattu.

On ne peut pas s'imaginer Marie adorant chaque goutte de sang qui tombe de la croix. On ne peut pas s'imaginer que Marie connaît toute la théologie de la rédemption, théologie révélée par l'Esprit Saint à partir de la Pentecôte.

Si elle savait tout ce que nous savons, quel serait son mérite? Au milieu de ce scénario désolé, quelle consolation infinie de savoir que pas une seule goutte de ce sang serait inutilement enfoui dans la terre, de savoir que si on perdait le Fils, on gagnait en revanche le monde et l'histoire, et de savoir enfin que l'absence du Fils ne serait que momentanée. En ces circonstances, elle eût pu accepter cette mort dans la paix. On ne peut pas l'imaginer non plus dominée par le désarroi total des apôtres, à la pensée que tout est fini.

Nous avons vu que Marie naviguait parmi des lumières et des ombres, comprenant parfois clairement, d'autres fois, beaucoup moins, méditant les anciennes paroles, adhérant à la volonté du Père, découvrant graduellement le mystère transcendant de Jésus. Selon les évangiles, tel aurait été le cheminement de la Mère dans la foi.

* * *

À partir de ces réflexions, essayons d'entrer dans l'expérience vitale de Marie au Calvaire pour mieux saisir en quoi consiste sa suprême grandeur à ce moment-là.

Marie est comme plongée dans le cercle fermé d'une furieuse tempête, interprétée par tous comme le désastre final d'un projet longuement caressé.

Considérons le milieu humain au centre duquel elle se trouve, debout; au premier plan, les exécuteurs de la sentence, froids et indifférents; plus loin, les sanhédrites à l'air triomphal; plus loin encore, la multitude de curieux, parmi lesquels quelques femmes courageuses dont les larmes impuissantes manifestent leur sympathie envers le Crucifié. Et pour tous ces gens, sans exception, ce qui se passe est la dernière scène d'une tragédie.

Les rêves se terminent ici, avec le Rêveur.

Plaçons-nous au centre de ce cercle fatal où les uns se lamentent, où d'autres jouissent de cette issue finale, et au milieu de ce remous, la figure digne et pathétique de Marie, accrochée à sa foi pour ne pas succomber à l'émotion, comprenant quelques éléments, comme par exemple l'allusion au «glaive», devinant confusément d'autres détails. Ce n'est ni le lieu ni le moment pour cogiter de belles théologies. Quand on se débat au milieu d'un ouragan, il suffit de rester debout et de ne pas tomber.

Comprendre? Savoir? Ce n'est pas cela qui importe. Marie n'a pas compris tout le sens des paroles de son fils à douze ans, ni les prophéties de Siméon. L'important n'est pas la connaissance mais la foi, ce n'est pas de comprendre, mais de s'abandonner. C'est bien ce qui se passe au Calvaire.

* * *

Au milieu de cette obscurité, Marie ne sait que redire son *fiat*:

«Père bien-aimé, je ne comprends rien, dans cette confusion générale; je comprends seulement que si tu ne l'avais pas voulu, jamais cela ne serait arrivé. *Que ta volonté se fasse!*»

«Tout paraît incompréhensible, Père, je ne vois pas pourquoi il devait mourir si jeune, et surtout de cette manière, mais j'accepte ta volonté. C'est bien ainsi, Père.»

«Je ne vois pas pourquoi il devait boire ce calice pour sauver le monde. Mais peu importe. Il me suffit de savoir que c'est ton œuvre, *fiat*. L'important n'est pas de voir, mais d'accepter.»

«Je ne vois pas pourquoi celui qu'on a attendu si longtemps devait interrompre si brusquement sa tâche à peine commencée. Un jour, tu m'as dit que mon fils serait grand, je ne vois pas qu'il soit grand. Mais, bien que je ne voie rien, je sais que tout est bien, j'accepte tout, je suis d'accord avec tout. *Que ta volonté se fasse!*»

«Père, je dépose mon fils bien-aimé dans tes bras.»

C'est l'holocauste parfait, l'oblation totale. La Mère acquiert une grandeur spirituelle vertigineuse… Jamais elle n'a été si pauvre ni si grande. Elle ressemble à une ombre pâle, mais en même temps elle a l'aspect d'une reine.

En cet après-midi, la fidélité élève un autel sur la cime la plus haute du monde.

* * *

Notre Dame de la pâque,
Notre Dame de la croix et de l'espérance,
Notre Dame du vendredi et du dimanche,
Notre Dame de la nuit et du matin,
Notre Dame de tous les départs,
parce que tu es la Dame
du passage et de la pâque.

Écoute-nous:

Aujourd'hui nous voulons te dire mille fois merci,
Mille fois merci, Notre-Dame, pour ton fiat;
pour ta complète disponibilité de servante,
pour ta pauvreté et ton silence,
pour la joie de tes sept glaives,
pour la souffrance de tous tes départs,
qui procurèrent la paix à tant d'âmes.
Parce que tu es restée avec nous,
malgré le temps et les distances.

Cardinal Pironio

Troisième partie

LE SILENCE

«*Alors qu'un profond silence enveloppait
toutes choses, et que la nuit parvenait au
lieu de sa course rapide, du haut des cieux
la Parole toute-puissante s'élança du
trône royal au milieu de la terre.*»

(Sagesse 18, 14-16)

«*Le cœur connaît ce que la langue ne
pourra jamais proférer, et ce que les
oreilles ne pourront jamais entendre.*»

(Gibran)

Chapitre 7

LA FIDÉLITÉ DANS LE SILENCE

Gratitude et silence

Tout ce qui est définitif naît et s'achève au sein du silence: la vie, la mort, l'au-delà, la grâce, le péché. Ce qui palpite est toujours là, latent.

Le silence est comme le nouveau nom de Dieu. Il pénètre tout, il crée, il conserve et soutient tout, et personne ne s'en rend compte. Si nous n'avions pas la Parole et les évidences de son amour expérimentées tous les jours, nous dirions que Dieu est une énigme. Mais ce n'est pas exactement cela. Dieu *est* silence, depuis toujours et pour toujours. Il œuvre silencieusement dans la profondeur des âmes.

Dans les desseins inexplicables de son initiative libre et libératrice naissent les opérations de la grâce. Pourquoi donne-t-il aux uns et pas aux autres? Pourquoi maintenant et pas avant? Pourquoi en cette mesure et pas en une autre? Tout demeure dans le silence. La gratuité, par définition, n'a pas de raison ni d'explication. Elle est silence.

À cause de cela, notre Père est transcendant parce qu'il est essentiellement gratuité. Tout part de Lui, la grâce et la gloire, le mérite et le salaire. Rien ne se mérite, tout se reçoit. Il nous aime le premier. Personne ne peut lui demander le pourquoi de ses décisions. Aucun être humain ne peut se lever devant lui, réclamer, exiger ou contester. Tout est grâce. C'est pour cela que ses chemins sont déconcertants, et souvent nous plongent dans la confusion.

Parfois nous avons l'impression que le Père nous abandonne, mais au coin d'une rue, soudain, il nous investit d'une visite enivrante. Bien que ses chemins normaux soient les mécanismes ordinaires de la grâce, tout à coup le Père nous surprend avec des gratuités inattendues. Dieu est ainsi. Il faut que nous l'acceptions tel qu'Il est.

Sa façon d'agir est déroutante pour notre logique humaine. Ses pensées et ses critères sont différents des nôtres. Le plus difficile, c'est d'être patient avec notre Dieu. Dans notre ascension vers lui, il faut accepter cette gratuité essentielle du Seigneur, endurer avec patience ses délais, accepter en silence les réalités promues ou promises par lui. Dieu est ainsi. Gratuité.

* * *

La grâce de Dieu agit dans le silence. Elle s'insinue silencieusement au sein de la nature humaine complexe. Personne ne sait comment cela se passe. Personne ne sait si les codes génétiques, les combinaisons biochimiques ou les traumatismes de l'enfance ou antérieurs à l'enfance, font obstacle à la liberté ou la détruisent. La liberté, cette terre que l'arbre de la grâce pénètre de ses racines.

Le péché? C'est le suprême mystère du silence. Qui peut le soupeser? La fidélité est un duel entre la liberté et la grâce; qui peut mesurer la fidélité? À quel degré la grâce fait-elle pression, et à quel degré résiste la liberté? Tout demeure dans le silence, sans réponse.

Dans la conduite humaine, quelle est la part de la simple inclination génétique, héritée des parents, celle des conditionnements déterminés par les blessures de l'enfance, et quel est le fruit de l'effort libre? Tout demeure sans réponse.

Regardons dans notre entourage immédiat. Nous condamnons sévèrement celui-ci parce qu'il a eu une explosion de violente colère, ou parce que, dans sa vie passée, il a scandalisé l'opinion publique. Tout le monde a vu l'explosion ou le scandale et s'octroie le droit de le juger et de le condamner. Mais qui s'est rendu compte de ses victoires spirituelles intérieures? Qui connaît les dizaines de victoires qu'il a remportées dans le silence de son âme avant ce péché? Chacun de nous est seul témoin de ses propres générosités, de ses fidélités et de ses victoires, témoin de ses progrès en humilité, en patience et en maturité, et témoin des efforts qu'il reste à faire pour que les autres puissent se rendre compte de nos progrès!

Pourquoi les uns triomphent-ils et les autres pas? Pourquoi celui-ci, à l'intelligence brillante, est-il toujours mal à l'aise dans la vie? Pourquoi cet autre, médiocre, émerge-t-il au-dessus des autres? Qui pouvait deviner que cet enfant, né dans un coin obscur du monde, laisserait une trace si profonde dans l'histoire du monde?

Qui pouvait penser que ce personnage ou ce mouvement politique devait connaître une déchéance si profonde? Tout est couvert d'un voile. Tout est silence.

* * *

Tout ce qui est définitif porte le sceau du silence. Combien de contemporains de Jésus ont-ils perçu, ne fût-ce qu'une lueur, la présence substantielle du Dieu éternel en cet obscur Nazaréen fils de Marie? Avec quels yeux l'ont contemplé Philippe, Nathanaël et André? Que pensèrent de lui Nicodème ou Caïphe?

La traversée du Fils du Dieu dans les eaux profondes de l'humanité s'est faite en un profond silence. Celui qui contemple reste muet devant ce fait. Un météore croise le firmament silencieusement, mais au moins il brille. Dieu, dans son passage à travers l'expérience humaine, n'a pas même brillé; il fut une éclipse, un silence. Ce que nous admirons le plus en Jésus et sa mère est leur humilité silencieuse.

Combien de gens se sont rendu compte que cette voisine de Nazareth qui transportait du bois ou de l'eau, qui jamais ne se mêlait des affaires de ses voisines mais les aidait dans leurs besoins, combien surent que cette voisine était *pleine de grâce,* la privilégiée du Seigneur et supérieure à toutes les femmes de la terre?

Que pensaient d'elle sa parenté de Cana ou ses plus proches parents? Tout le mystère de Marie est enseveli dans les plis du silence durant la plus grande partie de sa vie. Plusieurs de ses privilèges, conception immaculée, assomption, se sont passés dans le silence durant plusieurs siècles, même dans l'Église. Nous revenons à la même conclusion: ce qui est définitif se passe dans le silence.

Réceptivité

Nous avons choisi ce terme — *Le silence* — comme titre de ce livre et de ce chapitre, parce que ce mot nous semble résumer et exprimer magnifiquement l'histoire et la personnalité de Marie.

Il existe dans la Bible des expressions riches de connotations que nos langues modernes ne peuvent transmettre dans toute l'épaisseur de leur sens. Ainsi, *Shalôm*. Notre «paix» n'épuise aucunement la charge émotive de cette expression hébraïque. *Anau* dit beaucoup plus que notre terme de «pauvre». La foi dont parle saint Paul si souvent renferme des harmoniques beaucoup plus amples que ce même mot sur nos lèvres.

De même, quand nous employons le terme *silence*, appliqué au cas de Marie, nous évoquons des résonances complexes, disponibilité, réceptivité, profondeur, plénitude, fécondité. Également force, contrôle de soi, maturité humaine. Et de façon très spéciale, humilité et fidélité. Le silence de Marie est riche de tous ces aspects, de toutes ces qualités.

Son lieu d'origine

Elle s'appelle Marie de Nazareth. Or le nom de Nazareth n'apparaît pas une seule fois dans l'Ancien Testament ni dans le Talmud. Dans ses deux ouvrages célèbres, *Antiquités juives* et *La guerre juive*, Flavius

Josèphe épuise la matière géographique et historique de la Palestine. Et nulle part apparaît le nom de Nazareth.

Comme nous le savons, les Romains avaient noté avec soin sur leurs cartes impériales les noms des peuples et des villes de leur vaste empire, même les noms des lieux les plus insignifiants. Le nom de Nazareth n'apparaît nulle part dans ces documents.

Nazareth est silence.

Les seuls écrits qui nous parlent de Nazareth sont les évangiles. Et l'évangéliste — il lui paraît intéressant de le consigner — recueille l'ironie de Nathanaël, typique des rivalités de clocher: «De Nazareth, que peut-il sortir de bon?» (Jn 1, 46).

Elle s'appelle Marie de Nazareth. Nazareth est anonyme: Marie, par son lieu d'origine, *est* silence et anonymat.

$$* * *$$

Nous ne savons rien sur la date et le lieu de naissance de Marie, rien sur ses parents. Rien sur la date et le lieu de sa mort, ni même si elle mourut. Tout est silence autour de Marie.

D'un personnage important, la première chose qui intéresse notre curiosité est de connaître le lieu et la date de sa naissance. Pour la naissance de Marie, on peut conjecturer une date approximative à partir de quelques coutumes de ce temps-là, comme l'âge des fiançailles.

Quant au lieu de sa naissance, aucun indice, parce que dans une région où règnent des coutumes semi-nomades, les habitants ne se préoccupent pas d'avoir une résidence stable; pour n'importe quel motif, ils se déplacent d'un lieu à l'autre, ils s'installent provisoirement en un autre endroit, et leurs enfants naissent au hasard des déplacements. Marie a pu naître à Nazareth, mais aussi à Naïm, à Bethsaïde ou à Cana. Personne ne le sait.

Pour ce qui est des parents de Marie, nous n'en savons rien. Les évangiles apocryphes nous affirment qu'ils s'appelaient Joachim et Anne. Mais rien n'est moins sûr. Les origines de Marie se cachent dans le plus profond silence.

* * *

Dans la Bible, c'est toute sa vie qui est entourée d'un silence impressionnant. Elle apparaît à la dérobée dans les évangiles et disparaît aussitôt.

Les deux premiers chapitres de Matthieu et de Luc nous parlent d'elle. Mais, même là, Marie ressemble à un candélabre dont le seul rôle est de mettre en valeur la lumière, c'est-à-dire l'Enfant. Nous avons vu que les détails sur l'enfance de Jésus nous viennent de Marie elle-même. Elle parle de Joseph, de Zacharie, de Siméon, des pasteurs, des anges, des rois... D'elle, elle ne dit presque rien. Dans les récits évangéliques, elle apparaît et disparaît comme une étoile filante: dans le temple, quand elle perd son Enfant (Lc 2, 41-50), à Cana (Jn 2, 1-12), à Capharnaüm (Mc 3, 1-35), sur le Calvaire (Jn 19, 25-28), et au Cénacle, présidant le groupe des Douze dans la prière (Ac 1, 14). Dans ces trois derniers cas, Marie ne dit même pas une parole. Plus tard, une seule allusion, indirecte, impersonnelle: «Dieu envoya son Fils, né d'une femme» (Ga 4, 4). Quel étrange anonymat chez saint Paul: il aurait suffi d'ajouter le nom de Marie, à la suite de «femme» et c'eût été si beau! Mais non, la destinée de la Mère est de rester toujours là, derrière, dans la pénombre du silence.

Combien nous impressionne le peu d'importance que Paul accorde à Marie. D'après les calculs chronologiques, ces deux êtres auraient pu se connaître personnellement, il est même probable qu'ils se soient connus. Lorsque Paul affirme son autorité apostolique, il se glorifie d'avoir connu personnellement Jacques, «le frère de Jésus» (Ga 1, 19). Cependant, il ne fait aucune allusion à Marie dans ses lettres, même pas indirectement. Le Christ ressuscité seul compte pour lui.

* * *

En dehors de ces apparitions fugitives, la Bible ne dit plus rien de Marie. Dieu seul est important. Marie apparaît le temps d'un éclair et disparaît ensuite dans le silence.

Marie est comme ces grands vitrages, propres et transparents. Dans une maison, assis dans un fauteuil, nous contemplons par la baie vitrée, comme dans un cadre, des scènes variées et de beaux paysages: des gens dans la rue, des arbres, des oiseaux, de beaux panoramas, des étoiles dans la nuit. Ce spectacle est magnifique. Mais qui pense à la présence et à la fonction de la vitre? Si, au lieu d'une vitre nous avions un mur, pourrions-nous voir ces merveilles? Cette vitre est tout humble, elle laisse transparaître ce magnifique pano-rama, et elle garde le silence. Telle est exactement Marie.

Elle est une femme si humble et si claire, comme la vitre, si désintéressée et si humble, qu'elle laisse transparaître le mystère total de Dieu et de son salut. À peine nous rendons-nous compte de sa présence dans la Bible.

Femme anonyme, perdue dans la nuit du silence, toujours à l'affût du sacrifice et de l'espérance, la figure de Marie n'apparaît pas comme une personnalité accomplie, avec ses propres contours.

Voilà la destinée de Marie. Ou plutôt, Marie n'a pas de destinée propre. Elle est toujours ornée de la splen-deur du Fils, elle exprime une relation constante avec Quelqu'un d'autre. Elle demeure toujours en arrière. Comme le dit Gertrude Von Le Fort, elle est «un silence captivant».

Marie est cette Mère qui se perd silencieusement dans le Fils.

Le silence de la virginité

Nous l'appelons *la Vierge*. La virginité est en elle-même silence et solitude. S'il est vrai que la virginité exprime une référence aux aspects biologiques et affec-tifs, cependant le mystère de la virginité s'ouvre à des horizons beaucoup plus vastes.

En premier lieu, la virginité est silence, physiologi-quement et psychologiquement. Le cœur d'une vierge est essentiellement un cœur solitaire. Les émotions humaines d'ordre affectif et sexuel qui par elles-mêmes retentissent fortement sur notre organisme, demeurent en un cœur virginal, en silence, dans le calme et dans la paix, comme une flamme éteinte. Ni exprimées, ni supprimées, mais contrôlées.

La virginité a ses racines enfouies dans le mystère de la pauvreté. Probablement la virginité est l'aspect le plus radical de la pauvreté. Nous ne comprenons pas cette contradiction que l'on rencontre, en ces temps post-conciliaires, dans les milieux ecclésiastiques: la tendance à exalter la pauvreté et à sous-estimer la virginité. Ne serait-ce pas parce que l'on ne comprend bien ni l'une ni l'autre? Ne serait-ce pas parce que certains ecclésiastiques veulent voguer sur l'écume de la mode en exaltant «la pauvreté» selon la ligne marxiste, et rejeter la virginité selon la ligne freudienne? Cependant, le mystère profond de la pauvreté comme de la virginité se déploie sur une latitude aussi distante de Marx que de Freud... dans le mystère final de Dieu.

Solitude, silence, pauvreté, virginité, concepts tellement conditionnés qui s'entrecroisent, et ne possèdent en eux-mêmes aucune valeur. Un seul contenu leur donne un sens et une valeur: Dieu.

La virginité signifie un plein consentement à l'autorité suprême de Dieu, à la pleine et exclusive présence du Seigneur. Dieu lui-même est le mystère final et l'explication complète de la virginité.

Il est évident que la constitution psychologique de l'homme et de la femme exige une mutuelle complémentarité. Quand le Dieu vivant et vrai occupe *vitalement* et *complètement* le cœur virginal, la complémentarité n'est pas nécessaire, parce que le cœur est occupé et «réalisé» complètement. Mais quand Dieu, de fait, n'occupe pas complètement le cœur consacré, alors nécessairement surgit le besoin d'une *complémentarité.*

* * *

Les freudiens sont radicalement incapables de comprendre le mystère de la virginité parce qu'ils partent toujours d'un présupposé matérialiste, donc athée. Ils n'ont pas d'autorité, il leur manque la «base» de l'expérience, et par conséquent la rigueur scientifique pour comprendre une «réalité» (virginité «en» Dieu) qui est essentiellement inaccessible et, de fait, inexistante pour eux.

La virginité sans Dieu — sans un Dieu vivant et vrai — est une absurdité humaine à tous les points de vue. La chasteté sans Dieu est toujours répression et source de névrose. Mais il est certain que, si Dieu n'est pas vivant dans un cœur consacré, aucun être normal en ce monde ne peut être vierge et chaste, au moins au sens radical de ces concepts.

Seul Dieu est capable d'éveiller des harmoniques immortelles dans un cœur solitaire et silencieux, dans un être vierge. Et, de cette façon, Dieu, toujours prodigue, est à l'origine du mystère de *la liberté.* Le cœur d'un être vraiment vierge est essentiellement libre. Un cœur consacré à Dieu par la virginité — et habité *en vérité* par sa présence — jamais ne permettra, ne peut permettre qu'il soit *dépendant* de quiconque.

Un cœur vierge peut et doit aimer profondément, mais en demeurant toujours maître de lui-même. Et cela, parce que son amour est fondamentalement un amour oblatif et ouvert. L'affection purement humaine, afin de cacher ses réflexes mêlés d'égoïsme, tend à être exclusive et possessive. Il est difficile, quasi impossible, d'aimer tout le monde quand on n'aime qu'une seule personne. L'amour vierge seul est oblatif et universel. C'est à partir de Dieu seul que peuvent se déployer les grandes énergies offertes au Seigneur, à l'égard de tous les frères. Si un être vierge n'ouvre pas ses capacités affectives au service de tous, nous serons devant une expérience déviée et fausse de la virginité.

De là il résulte que la virginité est liberté. Un amour vierge ne peut permettre que quelqu'un domine ou absorbe son cœur, même quand il aime et est aimé profondément. Dieu en lui est liberté. Le signe non équivoque de la virginité se trouve peut-être en ceci: il ne crée pas de dépendance et ne demeure dépendant de personne. Celui qui est libre-vierge est toujours libre, tout en aimant et en étant aimé. C'est Dieu qui réalise cet équilibre. Ainsi fut Jésus.

Si Dieu est l'explication du mystère de la virginité, nous pouvons conclure que, plus il y a de virginité, plus il y a plénitude de Dieu et capacité d'aimer. Marie est *pleine de grâce*, parce qu'elle est pleinement vierge. C'est donc ainsi que la virginité est non seulement liberté, mais plénitude.

Marie est dans une profonde solitude-virginité peuplée complètement par son Seigneur Dieu. Dieu la comble et l'apaise. Le Seigneur habite en elle pleinement. Cette figure humaine qui apparaît dans les évangiles pleine de maturité et de grâce, attentive et serviable envers les autres, est le fruit de sa virginité vécue à la perfection.

Une scène intime

La scène de l'annonciation (Lc 1, 26-38), est un pur joyau. L'intimité, comme une rosée, y imprègne les personnes et les mouvements. De la même façon que, au commencement du monde, l'Esprit de Dieu planait sur la masse cosmique informe (Gn 1, 21), ainsi, en cette scène, on sent palpiter la présence de Dieu à l'aube de cet événement décisif dans l'histoire du monde.

Gechter affirme que, dans la scène de l'annonciation, on respire un arôme d'intimité exceptionnel et fascinant.

Pour pouvoir capter l'atmosphère de la scène, il nous faut prendre une attitude contemplative et attentive. William Ramsay pense que le récit perd de son enchantement quand on le lit à haute voix, en public.

Nous avons l'impression que la scène est présidée par l'ange. Marie est en silence. Comme de coutume, nous la sentons au second plan, dans un coin. La jeune fille observe, réfléchit, et se tait.

Ce n'est pas un silence pathétique. C'est l'attitude simple de l'esclave qui «surveille les mains de sa maîtresse» (Ps 122), attentive et obéissante. L'ange seul parle, et Marie ne fait qu'une seule demande et une seule déclaration.

* * *

Jamais, dans le monde, personne n'avait entendu pareille salutation. La jeune fille s'entend déclarée par le Ciel comme la Privilégiée, l'Irrésistible, l'Aimée, plus que toutes les femmes de la terre.

Marie «se troubla» (Lc 1, 29)

Quel est ce trouble? Marie est-elle brisée par l'émotion? A-t-elle peur de la vision, de la salutation ou d'autre chose? Est-elle victime de ses nerfs à cause de l'ensemble de la scène, à cause de la solennité du moment?

C'est beaucoup plus profond que tout cela. En général, quand une personne se trouble, son esprit est perturbé, incapable de coordonner ses idées. En revanche, Luc rapporte que Marie, toute troublée qu'elle soit, se met à réfléchir sur la signification de ces paroles.

Les termes qui conviendraient pour définir le trouble de Marie seraient «perplexité, confusion». Marie est comme une personne qui se sent rougir devant un compliment dont elle se croit indigne, mesurant la disproportion entre l'idée qu'elle a d'elle-même (Lc 1, 48) et la majesté des expressions dont on la qualifie.

Une fois de plus, de cette scène émerge une créature pleine d'humilité, fondement ultime de sa grandeur.

Les expressions apparemment impératives de l'ange prêtent à équivoque. On lui dit: «Tu concevras... tu lui donneras comme nom», etc. Néanmoins, dans leur contexte, elles ne sont pas un ordre imposé mais une proposition, c'est-à-dire une mission qui exige, pour sa réalisation, le consentement de Marie. Dès que Marie donne son consentement, elle adopte une passivité silencieuse. Et dans une attitude d'abandon, elle se soumet au processus du mystère, l'Esprit Saint envahit sa personne, et en elle s'opère le mystère total. Le fruit germe en elle, croît en elle, se détache d'elle à la naissance, et reçoit le nom proposé. Tout est silence.

En apparence, tout est passivité. En réalité, c'est une fidélité active. Marie *est* l'affirmation inconditionnelle et universelle de la volonté du Père. Comme servante, elle n'a aucune volonté propre ni aucun droit… seul le Seigneur les a. C'est à lui de prendre les initiatives. C'est à elle de les exécuter avec fidélité, simplement, et sans en faire un drame.

* * *

Cette passivité prête aussi à équivoque. Il s'agit ici de la passivité biblique, révolutionnaire et transformante. Pour que la sève se transforme en arbre de telle taille, elle doit se soumettre à la passivité. Pour qu'un morceau de pain devienne chair vivante et vie immortelle, il doit se soumettre à la passivité de la digestion, au cours de laquelle il est détruit et transformé peu à peu en une vie humaine immortelle.

Jamais on ne comprendra suffisamment qu'il est plus facile de conquérir que d'être conquis. Jamais on ne comprendra assez que le «*me voici*» de tous les hommes et de toutes les femmes dans la Bible est le secret final de toute grandeur spirituelle et humaine, et de toute fécondité.

* * *

Quand l'ange se retire (Lc 1, 38), il se fait un grand silence. Que ressent la Vierge? Le vertige? La crainte?

121

La surprise? La joie? D'abord, certainement, un sentiment de totale disponibilité du «pauvre de Yahvé».

Malgré cette humble disposition, l'ange sait qu'il dépose un poids quasi insupportable sur les épaules de cette jeune fille. Bien qu'immaculée et privilégiée, elle ne laisse pas d'être une créature, soumise comme nous à des réactions psychologiques semblables aux nôtres, comme la crainte ou la confusion...

À mesure que passeront les jours, que s'évanouira la fraîcheur des premières impressions et qu'elle commencera à ressentir les premiers symptômes de la grossesse, la jeune fille enceinte pourrait se sentir aux prises avec une immense solitude, dans un silence éprouvant, et se trouver ballottée entre la lumière d'hier et les ombres d'aujourd'hui.

À quoi pourrait alors s'accrocher la pauvre créature? L'ange comprend ce drame éventuel, il lui tend donc la main et dépose devant elle une planche de salut, il lui annonce un événement parallèle au sien pour éclairer son propre cas: «Ta cousine Élisabeth était stérile, et maintenant elle en est à son sixième mois de grossesse.» Celle qu'on appelait «La stérile» a fleuri, parce que, pour Dieu, rien n'est impossible. Marie pourra donc vérifier. Et cette vérification servira de preuve à la réalisation de tout ce que l'ange vient d'annoncer. En fut-il bien ainsi? Un appui pour ne pas sombrer dans la mer de la solitude? Un «signe» pour rassurer sa foi? Il semble que cette délicatesse de la part de l'ange cadre bien avec le contexte de l'Annonciation. Malgré la force spirituelle de Marie, il existe une marge de fragilité psychologique chez les êtres humains. Et Dieu est tellement compréhensif!

Mais, à partir de ce que nous savons de Marie tout au long de sa vie, l'envergure de sa foi est telle qu'elle n'a besoin ni d'appui ni de preuves. Il suffit qu'on lui dise «pour Dieu, rien n'est impossible» (Lc 1, 37). La «pauvre de Yahvé» ne demande rien, ne questionne pas, ne doute pas, ne se plaint pas. Elle s'abandonne. Les explications et les justifications sont superflues.

Chapitre 8

LE DRAME D'UN SILENCE

Le secret jalousement gardé

Le silence de Marie après l'annonciation est impressionnant. Le fait d'être la mère du Messie et cela grâce à un prodige pouvait suffire pour atteindre l'équilibre émotif de n'importe qui.

Il est difficile de supporter dans la solitude et le silence le poids psychologique d'un tel événement. Si la jeune Marie garde le secret dans un silence complet, c'est là un cas unique de grandeur humaine, dont les circonstances valent la peine d'être analysées avec soin.

Marie ne conte à personne le secret de l'incarnation virginale. Elle ne le conte pas à Joseph (Mt 1, 19).

Elle ne le conte pas à Élisabeth. Quand Marie se présente à Ain Karim, à la maison de Zacharie, Élisabeth est déjà en possession du secret, au moins de l'essentiel; nous ne savons pas si elle l'était dans le détail. À peine Marie ouvre-t-elle la bouche pour dire *Shalôm*, qu'Élisabeth l'interrompt par des exclamations et des félicitations. Il est possible que le même ange Gabriel qui communiqua le secret d'Élisabeth à Marie (Lc 1, 36) ait aussi transmis à Élisabeth le secret de Marie.

* * *

Les gens de Nazareth n'ont jamais rien su de la conception de Jésus. S'ils l'avaient appris, la vie entière n'aurait pas suffi pour lui jeter en pleine face des malédictions dont les échos ne se seraient jamais apaisés. Et celui qui aurait eu à souffrir le plus eût été le Fils, et non la mère.

Quand Jésus se présente à la synagogue de Nazareth, se déclarant le Messie attendu, les Nazaréens se fâchent contre lui (Mc 6, 3). Et Luc ajoute qu'ils le poursuivent comme on poursuit un chien, des pierres à la main, et le conduisent jusqu'au bord d'une falaise pour le précipiter en bas et le tuer (Lc 4, 28-30). Et Matthieu développe les mêmes griefs, les mêmes interrogations négatives sur lui et sur sa mère (Mt 13, 53-58).

Ainsi, ces pauvres gens se déchargeaient de tout ce qu'ils savaient contre Jésus pour rabaisser son rang social et son autorité spirituelle. Ils n'en savaient pas davantage. Si les Nazaréens avaient eu la moindre idée que Jésus n'était pas à proprement parler le fils de Joseph, avec quel plaisir lui auraient-ils jeté en pleine face, en cette occasion, le plus blessant vocable de leur argot populaire: *fils d'une femme violée* («harufa»).

* * *

Le contexte évangélique nous conduit à penser que Marie n'a communiqué à personne le secret sacré, pas même à sa propre mère. Car après sa mère, il est vraisemblable qu'elle l'aurait raconté, par exemple, à une sœur de toute confiance, et au bout d'un certain temps, le secret serait parvenu jusqu'à l'oreille des gens. À plus forte raison dans un petit village où tout le monde connaît l'histoire de tout le monde.

Des personnages comme Siméon et Anne, illuminés par l'Esprit Saint, prophétisent le destin de Jésus et de Marie. Mais, selon le contexte, ils ne disent rien sur la conception virginale parce qu'ils n'en savent rien. D'autre part, Jésus apparaît toujours devant l'opinion publique comme le fils d'un mariage normal. Tout indique donc que le secret n'est jamais sorti de la bouche de Marie. La mère l'enfouit dans le silence de son cœur. Elle se détache de l'opinion publique, ne se préoccupe nullement du «qu'en-dira-t-on», elle s'abandonne à la volonté du Père et demeure en paix.

Force dans l'intimité

Dans les circonstances qui entourent la Mère depuis l'annonciation, toute femme se serait laissée aller à un transport de joie. Des millions de femmes en Israël, depuis Abraham jusqu'à Marie, — surtout depuis les jours de la royauté — avaient nourri un songe doré: être la mère du Messie.

Bien plus: en Israël flottait dans l'air une espèce de légende populaire selon laquelle toute femme qui enfantait participait indirectement à la gloire du futur messie. Autrement dit, toute mère en Israël partageait, même à distance de plusieurs siècles, la «maternité» du Messie.

Comme conséquence de ce mythe populaire, avaient surgi en Israël une sous-estime complète à l'égard de la virginité et une immense crainte de la stérilité, parce que ces deux faits empêchaient les femmes d'avoir part à la gloire messianique. La plus grande frustration pour une femme était de demeurer célibataire, et la plus grande humiliation, stérile! La honte de tant de femmes stériles dans la Bible (Sara, Anne, Élisabeth), les larmes de la fille de Jephté «pleurant sa virginité sur les montagnes d'Israël» (Jg 11, 38) sont un écho de cette légende populaire.

Or voilà qu'on annonce à Marie que ce rêve fantastique, nourri par tant de femmes en Israël, est en train de se réaliser en elle. Et qu'il serait consommé de manière prodigieuse par une intervention spéciale de Dieu lui-même. Marie, femme réfléchie et informée, prend conscience de la portée de ce qu'on lui communique.

Que, dans ces circonstances, une femme soit capable de contrôler ses émotions et de demeurer en un complet silence, cela indique qu'elle possède une maturité exceptionnelle. Sans cette maturité hors du commun, elle est normalement incapable de contrôler une telle nouvelle, les nerfs la trahissent, l'émotion la brise, elle se soulage, elle pleure, elle raconte, elle se répand. Si Marie est capable de garder le silence, sans rien communiquer à personne, prenant en charge le poids d'un secret si énorme, cela veut dire qu'on se trouve devant une *maîtrise extraordinaire de soi-même*.

* * *

Hors d'une grâce toute spéciale, quelle pourrait être l'explication psychologique de cette force intérieure de Marie?

En premier lieu, elle est une femme contemplative, et tout vrai contemplatif possède une grande maturité. Le contemplatif est un être sorti de lui-même. Un contemplatif est exactement une âme admirative, sensible et reconnaissante. Il possède une grande capacité d'émerveillement.

Le contemplatif est une personne séduite et captivée par quelqu'un. À cause de cela, celui qui contemple n'est jamais «avec lui-même», il est toujours *en exode*, en état de sortie, tourné vers l'Autre. Dans le contemplatif vit toujours un Tu, un Autre.

Or, en psychiatrie, la capacité d'émerveillement et le narcissisme sont en proportion inverse. Si le contemplatif est toujours sorti «vers» l'Autre, sans aucune référence à lui-même, il n'a aucun degré de narcissisme. Donc pas d'infantilisme; infantilisme et narcissisme s'identifient. Cet être jouit d'une pleine maturité, ses réactions sont marquées au coin de l'objectivité et de la sagesse. Les triomphes ne l'exaltent pas ni les revers ne l'abattent. Il n'est pas dominé, il est maître de lui-même.

* * *

Parce qu'elle est contemplative, Marie possède une grande force intérieure. Il suffit d'analyser le *Magnificat*. Marie tout entière est une harpe vibrante, au service du Seigneur. Dans cet hymne, la Mère ne se réfère point à elle-même. Seulement par incidence se souvient-elle d'elle-même, et ce n'est que pour déclarer qu'elle est «peu de chose».

Le chant de Marie est dans la même ligne d'émerveillement et de contemplation que le psaume 8: «Seigneur, notre Dieu, admirable est ton nom par toute la terre!» Et, aussi dans les mêmes harmoniques que celles de saint Paul: «Oh! profondeur de la richesse, de la sagesse et de la science de Dieu! Insondables sont tes pensées, indéchiffrables tes chemins!» Le *Magnificat* se résume ainsi: Élisabeth, que notre Dieu est magnifique!

À une femme émerveillée comme Marie, «ses» affaires à elle ne lui importent pas ni ne l'émeuvent. Seules comptent celles de Dieu. Elle vit détachée de ses propres intérêts. Son monde intérieur ne peut être touché ni secoué par les nouvelles qui se rapportent à elle. Elle demeure au-delà et au-dessus des fluctuations de la sensibilité.

Les adversités ne la dépriment pas, elle ne s'emballe pas à la suite de bonnes nouvelles. D'où la stabilité inamovible de l'âme de Marie.

Le cercle se ferme

Pour mieux connaître la personne et la vie de la Mère, il faut nous situer dans l'ambiance culturelle et religieuse dans laquelle vécut Marie, et nous rappeler les coutumes de la Palestine de ce temps-là. Ce que nous appelons aujourd'hui la Palestine, un nom qui pour la première fois apparut chez Hérodote, embrassait alors la Judée, la Samarie et la Galilée, c'est-à-dire tout Israël. Comme les évangélistes nous parlent si peu de Marie, leur perspective historique est pleine de lacunes.

Pour remplir les vides, nous allons adopter une règle d'or; ce qui est commun et normal en leur temps et dans leur peuple est aussi commun et normal pour Marie.

* * *

Jusqu'à douze ans et un jour, Marie est considérée à l'égal des autres, *une enfant*. À douze ans et sept jours, Marie est déclarée *gedulah*, ce qui veut dire majeure, nubile. À cet âge, toute femme est considérée apte au mariage. La loi suppose que déjà elle a atteint la maturité physique et psychique. Très tôt, dès les douze ans accomplis, selon les coutumes de ce temps-là, le père de la famille prépare sa fille «aux fiançailles[1]».

Luc dit que Dieu envoie l'ange Gabriel à une vierge «fiancée à un homme appelé Joseph» (Lc 1, 26).

Marie est donc *fiancée*, mais non mariée. Par la cérémonie des «fiançailles», la jeune fille demeure promise, même «compromise», mais non mariée. Nous dirions aujourd'hui qu'elle était fiancée. Entre les fiançailles et le mariage proprement dit, qui s'appelait *procession*, il y a un intervalle de quelque douze mois. On l'appelle «procession» parce que la fiancée est conduite solennellement à la maison du fiancé.

Durant ces douze mois, Marie, comme les autres «promises», demeure dans la maison de son père.

_____

[1] Pour ce qui est des coutumes qui touchaient aux fiançailles, voir les études solides de l'exégète allemand Gechter dans *Marie dans l'Évangile,* pp. 123-195.

Celui-ci détermine le trousseau, la dot de la fiancée, la date du mariage et aussi l'argent que le fiancé devra apporter au mariage. La «potestas paterna», le pouvoir paternel au sens fort s'exerce ainsi sur la fiancée.

Cependant, bien que les fiancés ne cohabitent pas avant le jour de la «procession», les fiançailles établissent entre eux ce que nous appellerions un lien juridique qui, en un certain sens, équivaut au mariage au point que la loi considère le fiancé *bacalah*, le «seigneur de la promise».

* * *

Durant le temps des fiançailles, la promise garde jalousement sa virginité. Même, selon les coutumes de Galilée — cette information vient de Flavius Josèphe — les fiancés ne peuvent rester seuls ensemble durant ces douze mois d'attente. Le jour de la «procession», deux femmes sont chargées d'examiner la fiancée pour voir si elle est restée intacte. S'il est prouvé qu'elle a perdu sa virginité, une malédiction tombe sur elle; on l'appelle *harufa*, «la violée».

Si durant le temps des fiançailles la jeune fille commet un acte sexuel avec un homme autre que son fiancé, elle est considérée «adultère» avec toutes les conséquences qui y sont attachées, et le fiancé, juridiquement considéré comme «le seigneur», peut la répudier par un acte de divorce, ce qu'il fait ordinairement. Selon le Lévitique, la jeune femme peut être lapidée sur la place publique. Et, selon l'information de Flavius Josèphe, dans le cas où la jeune fille était fille d'un lévite, elle peut être brûlée vive.

Il faut se situer dans ce contexte de coutumes pour apprécier dans toute sa dimension la valeur du silence de Marie en se voyant enceinte à l'époque pré-matrimoniale.

Le cercle s'est refermé.

Suspendue sur un abîme

C'est en effet dans ce temps des fiançailles que l'on communique à Marie qu'elle va concevoir de l'Esprit Saint. Et avant de cohabiter avec Joseph, elle se trouve en état de grossesse. Ainsi Marie demeure suspendue au-dessus d'un abîme.

> « De ce mystère surnaturel, elle se trouvait dans des situations très délicates. Étant seulement promise, la conception s'effectuait en une période qui, selon l'opinion des véritables israélites, excluait toute relation conjugale[2]. »

Alors commence le drame du silence de Marie. À mesure que les mois passent, les conséquences visibles de l'incarnation se font de plus en plus évidentes. On a là les fondements pour lancer la rumeur que Marie a commis un acte malhonnête, même un adultère. Elle pourrait être lapidée sur la place publique selon la loi et les coutumes. Humainement parlant, elle est perdue.

Que faire? Expliquer ce qui s'est passé à quelques familiers pour que ceux-ci transmettent la nouvelle à l'opinion publique? Personne ne la croirait. De plus, l'explication est aussi absurde qu'infantile; tout le monde ridiculiserait Marie, et la rumeur malicieuse s'étendrait rapidement, comme le feu. Et pire encore,

---

[2] P. Gechter, *ibid.*, p. 155.

les échos de la malédiction retomberaient un jour sur le Fils.

Que faire? Consulter des personnes de totale confiance? Elle ne le fait pas. La Mère reste tranquille, abandonnée dans les mains du Père. Pour savoir ce qui arrive réellement, en ce cas-là, nous avons besoin de recourir à une explication que nous appellerions «mystique». Qui a vécu une forte expérience de Dieu comprendra ce que nous allons dire.

* * *

Quand une personne vit intensément la présence de Dieu, quand une âme expérimente sans équivoque et vitalement que Dieu est le trésor infini, le Père très cher et le Bien suprême, que Dieu est douceur, patience, force... l'être humain peut éprouver alors une telle vitalité, une telle plénitude, une telle joie qu'à ce moment-là, tout sur la terre hors Dieu, tout paraît insignifiant. Après avoir savouré l'amour du Père, on sent que, par comparaison, rien n'a de valeur, rien n'a d'importance, tout est secondaire. Le prestige? Fumier et cendre.

Dieu est une merveille si grande que l'homme qui en fait l'expérience se sent complètement libre. Le «je» est assumé par le «Tu», la crainte disparaît, tout est sécurité et l'on se sent invulnérable même si on affronte une armée entière (Ps 26). Ni la vie, ni la mort, ni la persécution, ni les infirmités, ni la calomnie, ni le mensonge, rien ne me fera trembler si mon Père est avec moi (cf. Rm 8, 38). C'est ce qu'a dû éprouver Marie.

* * *

Durant le temps de la grossesse, Marie est «habitée» par le Verbe et l'Esprit Saint «en personne», les activités trinitaires se réalisent, circonscrites à l'intérieur même de Marie. La présence de Dieu en elle est unique. Le Magnificat montre que Marie connaît alors une très haute expérience de Dieu. Son âme *exulte,* folle de joie, pour son Dieu.

Durant ces mois, Marie éprouve, avec une intensité extrême, combien le Seigneur Dieu est douceur et tendresse, miséricorde et amour, combien le Père est plénitude, quelque chose de tellement ineffable que les mots ne pourront jamais l'exprimer, que l'esprit ne pourra jamais le concevoir et le cœur jamais le rêver. Tout le reste, en comparaison, ne vaut rien et n'a aucune importance.

Marie éprouve une immense sensation de liberté, elle se sent absolument sûre et même invulnérable devant n'importe quelle adversité, pouvant dire avec le psalmiste:

«Béni soit le Seigneur
qui fit pour moi des merveilles d'amour
en une ville impénétrable» (Ps 30, 22).

«Le Seigneur est avec moi, je n'ai plus peur.
Quel mal pourrait me faire l'homme?» (Ps 117).

Rien n'a d'importance pour Marie. Seul importe son Dieu. Seul le Seigneur est important. Le reste, malédiction, lapidation, répudiation, est terre et poussière. Et la Mère demeure en silence. Elle se sent immensément libre.

L'homme juste

Nous admirons Marie qui garde silencieusement son secret. Mais pourquoi n'en parle-t-elle pas à Joseph? Le fait de concevoir de l'Esprit Saint et ses conséquences intéressent directement Joseph. À partir des fiançailles, Joseph est «son seigneur»; juridiquement Marie appartient à Joseph. Pourquoi ne lui dit-elle rien? Il est certain que cela paraît étrange.

Les faits ont pu se passer ainsi: un beau jour, Joseph soupçonne que Marie soit enceinte, ou bien il s'en rend compte. Comment l'apprend-il, il est impossible de le savoir. Ne voulant pas causer de scandale public contre Marie, Joseph décide de lui octroyer secrètement un acte de divorce. Il a commencé des démarches en ce sens (Mt 1, 18-25) lorsque Dieu fait tomber le voile du mystère.

Derrière ces quelques faits, on devine des aspects qui ennoblissent Marie et Joseph.

Afin d'apprécier la réaction de Joseph et son comportement en cette affaire, rappelons-nous quelques éléments de psychologie commune. Devant l'opinion publique dans la vie sociale, l'une des plus grandes humiliations pour un époux est le fait ou la rumeur que son épouse lui est infidèle. Dans une telle circonstance, en général, l'homme se laisse aller à la violence. Tout de suite brille le pistolet ou le poignard. C'est, dit-on, le moyen de laver son honneur. Nous pouvons imaginer ce qui aurait pu arriver dans une société patriarcale comme celle dans laquelle vit Joseph. Il suffit d'ouvrir le Lévitique. Nous savons déjà ce qui attend les coupables d'adultère: le divorce automatique, un grand scandale et une pluie de pierres.

Pourquoi Joseph ne réagit-il pas ainsi? Matthieu, au chapitre premier, signale la perplexité de Joseph, comme s'il ne voulait pas croire ce qu'on lui disait ou ce qu'il voyait.

* * *

Nous pensons que le fait d'être l'Immaculée pleine de grâce devait se refléter sur le visage de Marie, surtout dans ses réactions et sa conduite générale. Dès son enfance, Marie devait avoir un «je ne sais quoi» tout spécial. Cette jeune enfant devait évoquer, selon moi, quelque chose de divin qui enveloppait sa figure et sa personnalité d'une aura mystérieuse, au moins pour un observateur sensible.

On peut supposer qu'avant les événements que nous sommes en train d'analyser, Joseph devait éprouver envers Marie une sorte d'admiration, peut-être de la vénération. Matthieu présente Joseph comme un «homme juste», c'est-à-dire *sensible aux choses de Dieu*. Grâce à cette sensibilité, Joseph devait donc voir en Marie quelque chose de plus et autre chose qu'une jeune fille attrayante; il devait apprécier en elle quelque chose de spécial, de différent, un mystère.

À cause de cela, il semble incapable de croire les apparences, il confronte la «nouvelle» avec l'idée qu'il se fait d'elle, il reste perplexe et semble dire: «Ça ne se peut pas.» Il est impossible que cette créature angélique, que lui connaît si bien, ait pu commettre un tel faux pas. Mais d'autre part, les évidences crèvent les yeux. Que faire?

Son estime pour Marie est tellement haute qu'il décide, quoi qu'il arrive, de ne pas donner libre cours à la violence typique de l'homme dont on s'est moqué, mais de souffrir en silence lui aussi toute cette situation, et de s'absenter éventuellement de Nazareth, pourvu que Marie ne soit pas maltraitée par l'opinion publique.

Tout ceci prouverait combien grande est la vénération de Joseph pour Marie et combien «vénérable» devait être Marie dès son enfance. En même temps, cette réaction nous apprend l'essentiel du portrait de Joseph: un homme sensible aux choses de Dieu, préoccupé davantage des autres que de lui-même, capable de comprendre et de pardonner, capable de garder le contrôle de lui-même pour ne pas se laisser emporter dans une décision précipitée, capable d'attendre et de souffrir lui-même, de se charger de la souffrance des autres, capable d'aimer oblativement.

Un secret gardé avec révérence

Malgré tout ce qu'on a dit, la question demeure: pourquoi Marie ne communique-t-elle pas à Joseph une nouvelle qui le concerne directement?

Il est évident que Marie devait savoir que, tôt ou tard, Joseph se rendrait compte et, que, plus elle retardait, pire ce serait pour elle. Pourquoi ne dit-elle rien? Marie pense-t-elle que Joseph n'est pas capable de comprendre un mystère si élevé — ce que personne en réalité ne peut faire — et qu'il vaut mieux se taire? Marie calcule-t-elle que Joseph ne croirait jamais l'explication objective du fait? Le fait, en vérité, est tellement inouï que n'importe qui penserait que l'explication de Marie n'est qu'une excuse infantile pour cacher un mauvais pas. Ce serait un silence calculé?

* * *

Ce n'est pas la tactique de Marie. Disons plutôt qu'il s'agit d'un secret gardé avec révérence en raison de la présence d'un énorme mystère. Marie demeure profondément émue devant le mystère de l'incarnation, plongée en lui, et elle se tait.

Jeune fille intelligente et réfléchie, Marie mesure exactement l'importance et la transcendance du double prodige: maternité messianique et maternité virginale. Elle, si humble et si «peu de chose» (Lc 1, 48), se sent fortement remuée dans sa sensibilité, émue, reconnaissante et confuse. Se considérant indigne de tout cela, elle prend conscience que le plus grand hommage, la meilleure manière de remercier Dieu et d'être fidèle à tant de *gratuité* est de respecter tout ce mystère dans un silence total. Tout cela est tellement unique et sacré que ce serait, pense-t-elle, une profanation de le communiquer à un être humain, fût-ce Joseph lui-même.

Ainsi, pour ne pas révéler le secret le plus sacré de l'histoire et, par son silence, être fidèle à Dieu, Marie est prête à souffrir n'importe quelle conséquence: la malédiction populaire, l'acte du divorce, les pierres et les flammes, la marginalité sociale et la solitude humaine. N'importe quoi.

Tout le divin est tellement grand et l'humain tellement petit…! Au-delà de toute mesure, Dieu est récompense — hérédité — don — richesse. Et elle a été traitée avec tant de prédilection! Tout le reste n'a aucune valeur.

Et Marie demeure dans le silence, sans préoccupation, tranquille. Dieu est grand!

* * *

Le Seigneur, ému par la fidélité silencieuse de sa fille, lui vient en aide.

Par son intervention hors du commun, Dieu a mis Marie dans une situation sans issue. Le seul qui puisse l'arracher à ce bourbier est donc Dieu lui-même, grâce à une autre intervention extraordinaire.

Dans une révélation intérieure, entendue sans équivoque, il parle à Joseph: «Joseph, laisse de côté tes craintes. Marie n'est pas une fille de la rue. Elle est la Choisie entre les femmes de tous les temps.» Le Seigneur a posé son regard sur elle et a mis toute sa joie en elle. Marie n'a pas commis de faux pas. Ce qui a germé en elle est le fruit direct et exceptionnel de l'Esprit Saint. «Joseph, prends-la tranquillement dans ta maison et garde-la comme un sanctuaire vivant de Dieu» (cf. Mt 1, 20-24).

* * *

La délicatesse avec laquelle Joseph s'approche de Marie est infinie. Joseph avait pressenti en Marie quelque chose d'exceptionnel, avec cette même révérence il est confirmé en cela même qu'il pressentait.

Dès lors, le respect de Joseph pour Marie est total. Un homme sensible aux choses de Dieu comme Joseph sait traiter Marie avec un cœur et des gestes pleins de révérence, d'affection et d'admiration. En cet homme fortement «touché» par Dieu, les liens affectifs purement humains sont dépassés et sublimés. Et Marie devient pour Joseph, dès ce moment, plus qu'une jeune fille attrayante, elle est un sanctuaire sacré du Dieu vivant, une femme quasi adorable.

Selon une opinion largement acceptée, ce doit être à ce moment que Marie et Joseph décident de mener une vie virginale dans l'état du mariage.

Tous deux auraient soin de Jésus et le protégeraient, fruit direct de Dieu, germé dans les entrailles solitaires de la sainte Mère. Dieu avait choisi cette maison comme une demeure très spéciale, plus sainte que l'arche de l'antique Alliance. Il vaut la peine de dépasser les lois de la chair et de vivre en état d'adoration.

* * *

La réaction de Joseph après cette révélation est intéressante. Matthieu (Mt 1, 24) nous laisse entendre que Joseph prend tout de suite l'initiative, prépare rapidement la «procession» et dans une cérémonie solennelle il reçoit Marie comme épouse.

Dieu l'a chargé de prendre soin de Marie et du Fils, et la première chose qu'il entreprend, c'est d'éviter que s'enflamme une méchante rumeur contre la Mère — et plus tard contre le Fils — car on commence sans doute à remarquer les premiers symptômes de la grossesse. D'où sa hâte.

Joseph apparaît ici comme un homme délicat et de grande initiative.

Chapitre 9

LE PRODIGE AU SEIN DU SILENCE

Amitié et communion

Quand la vraie vie en Dieu passe par une phase d'immersion en son intimité, une phase correspondante lui succède, celle du don de soi-même aux hommes. Plus intense est la rencontre avec le Père, plus étendue sera l'ouverture aux hommes.

La vie avec Dieu qui ne mène pas à la communion avec les hommes est une simple évasion dans laquelle, subtilement, la personne se cherche elle-même. Un perpétuel va-et-vient doit exister entre la vie avec Dieu et la vie avec les hommes, pour réaliser une harmonie parfaite, sans dichotomies.

Marie a vécu une intimité avec Dieu sans précédent. Cette intimité s'ouvre à une communion, aussi sans précédent, avec les frères, représentés par Élisabeth. Dieu est ainsi. Le vrai Dieu est celui qui jamais ne laisse en paix, bien qu'il laisse la paix. Le Seigneur conduit toujours ses amis à se compromettre pour leurs semblables.

Après avoir vécu les grandes émotions de l'annonciation, Marie ne se contente pas de savourer le banquet. Au contraire, ses énergies, nées de son contact avec le Seigneur, lui donnent des ailes pour voler, «traversant les montagnes de la Judée» (Lc 1, 39) jusqu'à la maison d'Élisabeth.

Dieu lui-même les avait unies. Le Seigneur avait révélé à Élisabeth ce qui était arrivé à Marie, donnant au moins l'information substantielle, sans entrer peut-être dans les détails. Et le même Seigneur révélait à Marie ce qui était arrivé à Élisabeth (Lc 7, 36).

Les deux femmes se sentent émues et reconnaissantes parce qu'elles ont été, à des degrés différents, objet de prédilection de la part du Très-Haut.

Élisabeth ne sortait pas de sa maison durant les cinq premiers mois de sa grossesse (Lc 1, 24). Pourquoi? Pour qu'on ne la voie pas? Elle-même disait que le Seigneur l'avait libérée de l'humiliation (Lc 1, 25). Elle considérait donc sa grossesse comme un motif de saint orgueil.

Peut-être, elle aussi se sentait impressionnée par l'intervention prodigieuse et exceptionnelle du Tout-Puissant dans la nature et dans l'histoire à travers elle. Et c'est pourquoi elle se cachait en sa maison durant les premiers mois, en silence et en intériorité, pour vivre intensément une telle gratuité du Seigneur.

Ses propres paroles reflètent cette impression quand Luc affirme «durant cinq mois elle (Élisabeth) demeura retirée, pensant: ceci est une manifestation de la miséricorde du Seigneur envers moi» (Lc 1, 25).

* * *

Il semble que Marie prépare le voyage assez vite et que le voyage lui-même s'effectue avec une certaine hâte. Pourquoi cet empressement? Pour vérifier la grossesse d'Élisabeth et en même temps confirmer par elle-même la véracité de l'annonciation? Afin de se soulager en parlant du grand secret avec Élisabeth qui est la seule à le connaître? Veut-elle avoir quelqu'un pour la défendre, comme le soupçonne Gechter, au cas où elle serait accusée d'adultère?

Quoi qu'il en soit, les paroles de Luc «en ces jours-là, Marie partit en toute hâte» (Lc 1, 39) semblent indiquer que le voyage de Marie s'effectue dans les jours qui suivent l'annonciation, de sorte que le temps entre l'annonciation et la visitation a dû être assez court.

Néanmoins, il serait ingénu de croire que Marie se lève à l'instant pour entreprendre ce voyage dans la région montagneuse de Judée. D'abord il lui fallait obtenir le consentement de son père sous la tutelle duquel elle se trouvait encore. Il lui fallait aussi l'autorisation de Joseph, son «seigneur» (bacalah) depuis les fiançailles.

Comment Marie obtient-elle les deux autorisations? Sa situation est délicate. Comment donner une justification convaincante du voyage sans en révéler la vraie raison ni laisser transparaître le mystère de l'incarnation virginale? Au moyen de réserves mentales? N'oublions pas que malgré son jeune âge, sa spiritualité avait laissé en elle un sédiment de maturité, d'équilibre et de sagesse.

Nous imaginons que la Mère aura conçu, en un mélange de véracité et de sagesse, l'explication satisfaisante pour obtenir l'autorisation du voyage. Tout indique jusqu'à quel point la Mère a dû s'engager dans les mêmes problèmes et difficultés que ceux auxquels nous nous voyons soumis nous aussi, pauvres mortels.

* * *

Marie ne pouvait voyager seule. Elle devait se joindre à un cortège ou s'intégrer à une caravane. Il lui fallait traverser la Galilée, la Samarie et une partie de la Judée. À son passage en Samarie, dans le dernier tronçon du chemin occidental qui descend de Jéricho à Jérusalem, se passera plus tard la scène décrite dans la parabole du bon Samaritain (Lc 10, 30-37).

Le fait de «voyager avec hâte», selon Gechter, ne traduit pas une certaine nervosité ou une hâte de partager le secret ou de confirmer l'information de l'ange, mais veut dire simplement que les voyageurs ne s'arrêtent pas et n'entrent pas dans Jérusalem.

La tradition situe la maison de Zacharie en un lieu appelé Aïn Karim, à six kilomètres à l'ouest de Jérusalem. La Mère y arrive donc et salue Élisabeth (Lc 1, 40). Chose étrange! Elle entre dans la maison de Zacharie et salue Élisabeth. Chez les Juifs, l'homme concentre toute l'importance et la responsabilité, et plus encore s'il s'agit d'un prêtre, comme dans le cas présent. Contre tout protocole social ici, le Saint-Esprit est là, qui secoue Élisabeth pour lui faire dire des paroles prophétiques (Lc 1, 41-43). C'est Dieu lui-même qui parle par la bouche d'Élisabeth.

* * *

Élisabeth est une femme déjà «avancée en âge» (Lc 1, 7). Le contexte de Luc laisse supposer que depuis déjà quelques années elle n'était plus en âge d'avoir des enfants.

«Nous devons croire qu'Élisabeth avait déjà dépassé les 60 ans[1].»

Il est donc impossible qu'Élisabeth soit la cousine de Marie, comme on a coutume de le dire. Marie a alors entre 12 et 15 ans. De sorte que Élisabeth serait une tante, ou alors il peut y avoir entre elle décalage de génération. Mais cela n'a pas d'importance.

Il est vraiment étrange que deux femmes si distantes en âge soient si proches de cœur. Quelque chose qui les unit par-delà la distance et les années. Comment en arrivent-elles à une semblable intimité? Question de parenté? Une telle communion n'existe pas toujours entre parents.

Nous pourrions avancer quelques hypothèses. Comme Jean (le Baptiste) et Jésus allaient être unis en leur destin et dans leur vie, ainsi l'Esprit Saint unit leurs mères dans une communion spéciale. Ce qui soulignerait l'influence décisive que les deux mamans auraient eu sur la formation et la spiritualité de leur fils respectif.

Autre supposition. Élisabeth apparaît dant l'évangile comme une femme de grande sensibilité intérieure, une femme qui possède une intuition pénétrante pour détecter avec exactitude les vibrations spirituelles, d'où qu'elles viennent. Et Marie, parce qu'Immaculée et prédestinée à être Mère de Dieu, doit posséder une aura spéciale depuis son enfance.

---

[1] Gechter, *ibid.*, p. 200.

Or il est probable que, durant l'enfance de Marie, Élisabeth ait détecté en elle une âme privilégiée par la profondeur et la précocité de sa vie spirituelle. Et peut-être a-t-elle entrevu en elle, bien que dans la pénombre, un haut destin, peut-être la pureté originelle de l'Immaculée et, de toutes façons, une richesse intérieure exceptionnelle.

Dans cette supposition, il y a eu déjà entre ces deux êtres un échange d'intimité, de leurs expériences personnelles dans les «choses» de Dieu, malgré la différence d'âge.

* * *

Au cours de cette visite (Lc 1, 39-56), Marie écoute et réfléchit. Elle ne parle pas. Quand la Mère rompt le silence, elle cède à son émotion et chante à son Seigneur. Ses paroles, plus qu'un chant, sont une exaltation. Dans le *Magnificat,* comme dans les grandes contemplations, Dieu éveille en Marie une jubilation indescriptible. Ceci nous confirme dans la conviction que non seulement la Mère appartient à la race des contemplatifs, mais elle est la couronne et le modèle de tous.

Marie demeure avec Élisabeth environ trois mois (Lc 1, 56). De quoi ont-elles parlé durant ces trois mois? Quel est le fond et le thème central de leurs conversations?

D'après moi, le *Magnificat,* et peut-être aussi le *Benedictus,* reflètent le fond des conversations entre Élisabeth et Marie et de l'échange de leurs impressions.

Elles parlent de la consolation d'Israël, des promesses faites à nos pères, de la miséricorde répandue de génération en génération, depuis Abraham jusqu'à nos jours, de l'exaltation des pauvres et de la chute des puissants.

Mais plus que des pauvres, des prophètes et des élus, elles parlent du Seigneur lui-même, de Yahvé Dieu. Lorsque quelqu'un se sent intensément aimé du Père, il ne se fatigue pas de ne parler que de lui. La Mère, en se rappelant comment elle a été le centre de tous les privilèges depuis l'Immaculée jusqu'à la maternité virginale, éprouve une émotion unique en parlant de son Dieu et de son Père. Resch dit:

> «Jamais on ne pourra trouver une plus haute expression des sublimes sentiments dont Marie dut se sentir envahie en ce moment-là.»

Toutes les émotions échangées entre ces deux femmes exceptionnelles sont reflétées dans le *Magnificat*, qui n'est rien d'autre qu'un épanchement spirituel et un résumé des impressions et des expériences de ces deux femmes.

Dieu lui-même est le fond et l'objet de leurs émotions, de leurs effusions et de leurs confidences, durant ces trois mois à Aïn Karim.

* * *

Tous les exégètes sont d'accord pour dire que des deux premiers chapitres de Luc émerge une figure féminine au profil délicat, concentrée et silencieuse.

À cause de cela même, Harnack trouve «surprenant» que Marie ait rompu son silence habituel et son intimité par un chant d'exaltation. À ceci, Gechter répond par une explication psychologique très plausible:

> «Sa piété profonde se vit transportée par la grandeur de ce que Dieu avait fait en elle. On ne pouvait demander plus pour que le caractère silencieux de Marie se projetât à l'extérieur en une symphonie jubilante de paroles. Celle-ci étant une occasion exceptionnelle, il n'y a rien qui contredise son habituelle pudeur et sa modestie[2].»

Naturellement, la visite à Élisabeth n'est pas seulement une effusion spirituelle, une communion fraternelle. C'est aussi une sollicitude et une aide fraternelles.

L'ange dit à Marie qu'Élisabeth est dans son sixième mois et, peu après, la Mère se rend chez Élisabeth. L'évangile ajoute que «Marie demeura environ trois mois avec Élisabeth» (Lc 1, 56). Nous pouvons donc en conclure que la Mère reste à Aïn Karim jusqu'après la naissance de Jean.

Marie nous apparaît comme une jeune fille délicate, avec un sens profond de serviabilité fraternelle. Il est facile d'imaginer la situation. Élisabeth est dans un état de grossesse avancée, avec des complications possibles dues à son âge. Elle est peut-être incapable de s'occuper des travaux domestiques. Zacharie est muet, blessé psychologiquement. Comme ils vivaient seuls, Marie est donc pour eux une bénédiction descendue du Ciel.

Nous pouvons imaginer Marie telle qu'elle est toujours, attentive et serviable. Nous pouvons l'imaginer dans des tâches domestiques, les repas, la propreté, le lavage, tissant du linge, préparant tout ce qu'il faut

---

[2] Gechter, *ibid.*, p. 217.

pour un bébé — aidant Élisabeth dans la préparation de la naissance, consolant Zacharie en le référant à la miséricorde du Père, préoccupée à tout instant des mille détails de la vie familiale.

C'est la délicatesse en personne.

Pourquoi Marie s'est-elle mariée?

Il y a quelques décennies, Paul Gechter a soulevé une violente polémique avec son interprétation de Luc 1, 34. Cet auteur affirme que Marie, en disant «je ne connais pas d'homme», ne faisait pas allusion à un vœu de virginité, mais se référait à sa situation juridique.

C'est comme si elle disait: «Ange Gabriel, comment pourrais-je être enceinte maintenant, dans cette période de fiançailles. Je n'ai pas cohabité ni ne peux cohabiter avec Joseph jusqu'au jour de la 'procession'.» Selon l'exégète allemand, ces paroles n'ont aucune portée intemporelle, elles ne s'étendent ni au passé ni au futur, mais le verbe «ne pas connaître» doit être compris rigoureusement «dans le temps présent».

Cette opinion est partagée par un autre exégète allemand très connu, Josef Schmidt[3], du groupe appelé *Le Commentaire de Ratisbonne.* Pour lui, ces paroles-là se réfèrent au fait que «à ce moment-là, elle n'était que promise et non mariée», et que, dans ces paroles, on ne peut voir l'expression d'un vœu ou au moins le ferme propos d'une virginité perpétuelle.

---

[3] J. Schmidt, *L'Évangile de Luc,* pp. 61-72.

Cependant la tradition catholique, suivant l'interprétation de saint Augustin, a toujours donné au verbe «je ne connais pas», au temps présent, une ampleur qui embrasse le passé, le présent et le futur, comme si c'était un verbe intemporel qui englobait tous les temps de la conjugaison verbale.

C'est comme si elle disait: «Je n'ai pas l'intention d'avoir une relation conjugale avec aucun homme durant toute ma vie». Toutes les langues, précise Ricciotti, même les langues modernes, utilisent le temps du verbe au présent pour exprimer un aspect, une intention qui s'étend au futur, comme lorsque nous disons: «je n'étudie pas la médecine», «je ne vais pas à l'étranger», «je n'épouse pas cette femme». C'est en ce sens que Marie aurait parlé, en Luc 1, 34.

Il faut distinguer deux choses: la maternité virginale et la virginité perpétuelle.

La maternité virginale est une donnée affirmée par l'évangile de multiples façons et, du point de vue de la foi, elle est un fait incontestable. Ceux qui la nient sont ceux qui n'admettent pas, en principe, le miracle.

La virginité perpétuelle a aussi des fondements bibliques, mais sa force principale émane de la Tradition. C'est une doctrine définie au Concile de Latran en l'an 649. En tout cas, la virginité perpétuelle est un des points les plus fermes de la mariologie et un des enseignements les plus solides et les plus anciens de l'Église.

Ce n'est pas l'objet de ce livre de se préoccuper de critique en un terrain si vaste. De la valeur et du sens de la virginité, cet ouvrage en parle en plusieurs endroits.

* * *

À notre avis, l'argument biblique le plus fort, bien qu'indirect, sur la virginité perpétuelle de Marie prend sa source dans le fait que Jésus, à sa mort, confie sa Mère aux soins de Jean.

Si Marie avait eu d'autres enfants, il eût été absurde, du point de vue affectif et juridique, de les confier aux soins d'un étranger, en établissant, par surcroît avec Jean, une relation de mère à fils. Et bien que cet épisode (Jn 19, 25-28) ait aussi un sens messianique, il n'exclut pas que Jésus ait eu l'intention d'une mission familiale, et c'est ainsi que Jean l'interprète puisqu'il «la reçut dans sa maison» (Jn 19, 27).

* * *

Qu'en est-il du vœu de virginité perpétuelle? Aujourd'hui, les mariologues croient de plus en plus que la décision de vivre vierge, Marie l'aurait prise et formulée après l'annonciation. Cette opinion me paraît très raisonnable, vu ce que nous connaissons de la personnalité de la Mère.

Marie est — nous le savons déjà — une femme réfléchie et intérieure. Elle a dû être fortement impressionnée dans les profondeurs de sa sensibilité en voyant comment Dieu, à l'encontre de toute l'opinion publique de l'histoire d'Israël, appréciait la virginité et l'associait définitivement au mystère de l'incarnation.

Selon son habitude, Marie médite à maintes reprises en son cœur cette «nouveauté», en demeure fortement marquée. Même si jamais une femme ne pouvait être enceinte sans avoir de relations sexuelles avec un homme, Marie se rend compte que pour Dieu tout est possible et à la lumière de l'Esprit Saint, émue et reconnaissante d'avoir été choisie pour consommer en elle cette prodigieuse maternité dans la virginité, elle aurait mûri lentement cette pensée — jusqu'à sa formulation complète — de rendre hommage au Seigneur en demeurant toujours vierge.

Si la personne du Fils de Dieu avait choisi d'habiter dans son propre sein, il ne serait pas convenable qu'un autre être l'occupe. Ce corps serait pour Dieu seul.

Alors pourquoi donc s'est-elle mariée? L'annonciation a changé tous ses plans. Elle l'a plongée dans un tourbillon d'événements qui la placent désormais dans une situation exceptionnelle, dans tous les sens du mot.

Avant l'annonciation, comme l'explique Schmidt[4], Marie se dirigeait vers le mariage, vers un mariage ordinaire. Mais après ces événements, puisque son destin est exceptionnel, il lui faut vivre aussi en une situation d'exception.

Pourquoi se marie-t-elle? Si Marie avait eu un fils en dehors du mariage, la situation aurait été insoutenable pour elle et surtout pour Jésus.

Il est facile d'imaginer la situation. Dans un village où l'univers humain est très limité, où tous les gens savent les «histoires», évidemment amplifiées, de tous, où les gens vivent en proie aux préjugés et à des coutumes traditionnelles, où il existe à peine une vie privée, où tout est à découvert, où chacun est une pâture facile et savoureuse pour les mauvaises langues, il est

---

[4] Schmidt, *L'Évangile de Luc*.

facile d'imaginer quelle eût été la situation insoutenable d'une fille-mère. Et pire encore: un jour, il eut été impossible pour Jésus de s'adonner au moindre ministère d'évangélisation.

* * *

Comme nous l'avons montré, la délicatesse de Joseph en s'approchant de Marie est certainement infinie, après la révélation par le ciel du destin et de la dignité de Marie.

Et les deux, si sensibles aux choses de Dieu, sont arrivés, après de longues conversations, au compromis de vivre unis en un mariage virginal, couvrant ainsi le mystère sacrosaint de l'incarnation et collaborant avec Jésus Christ au salut du monde.

Un lecteur moderne peut difficilement comprendre cela, en raison de l'ambiance sécularisée et freudienne dans laquelle nous baignons tous. Pour le comprendre, il faudrait entrer dans le monde de deux personnes pour lesquelles Dieu était l'unique réalité et l'unique valeur.

Et le prodige se consomme

Quand l'ange se retire, le prodige commence. L'Esprit Saint, porteur de la puissance créatrice de Dieu, descend en Marie et occupe tout son être. Comment cela se passe-t-il? Qu'arrive-t-il à la première minute? À la première heure? Le premier jour?

Au jour de la Pentecôte, l'Esprit Saint resplendit en flammes de feu et ébranle la terre, bien qu'il ne s'agisse pas de sa présence «personnelle», mais de la puissance de ses effets. Par contre, en Marie, il se produit une descente «personnelle». Comment cela? La Vierge ressent-elle un frémissement émotif, peut-être somatique? Marie demeure-t-elle sans connaissance, comme paralysée, comme possédée par une force étrange, surhumaine, accompagnée de dons extraordinaires, de signes spectaculaires? Comment se passent ses premiers jours, ses premières heures?

* * *

Ne disposant d'aucune indication biblique à ce sujet, nous allons nous appuyer sur deux bases: le style de Dieu et le style de Marie.

En ce qui concerne l'action normale de Dieu, nous savons qu'il est silence depuis des éternités infinies. Dieu habite dans les profondeurs de l'âme, en silence. Il agit dans l'univers et dans l'histoire comme un inconnu. Pour les uns, Dieu dort. Pour d'autres, il est mort. Pour d'autres, il n'est rien. Dieu cherche la nuit, la paix. La Bible dit que Dieu n'est pas dans le vacarme (2 R 19, 11).

Quant au style de Marie, nous connaissons déjà son attitude: toujours retirée dans les coulisses, au plan secondaire, humble, modeste.

Une combinaison de ces deux styles nous donnerait une idée de la façon dont se passent les phénomènes: le monde ne demeure pas en suspens, l'ordre universel n'est pas paralysé, l'histoire ne retient pas son souffle. Au contraire, tout se passe «naturellement, silencieusement». Jamais, comme en ce moment, ne s'accomplissent aussi parfaitement ces paroles solennelles de la Sagesse:

> «Un profond silence enveloppait tout et la nuit était rendue au milieu de sa course quand la Parole toute-puissante descendit de la hauteur des cieux au milieu de la terre» (Sg 18, 14-15).

Le contexte évangélique que nous avons déjà analysé indique que les Nazaréens n'aperçoivent rien d'extraordinaire en Marie, ni ses proches parents, ni même ses parents. Le grand mystère ne transpire pas en dehors d'elle.

Comme la virginité est silence et solitude, dans le sein silencieux d'une vierge solitaire se consomme le prodige, sans clameur, sans ostentation.

Or, si il n'y a pas de manifestations extérieures, en l'intérieur de Marie, de grandes nouveautés s'opèrent et son intimité demeure illuminée et enrichie extraordinairement. Son âme se peuple de grâces et de consolations.

Il est possible que le visage de Marie change. Si elle nous apparaît toujours concentrée, à ce moment-ci, on doit la voir plus inclinée vers le dedans, pour vivre, avec une nouvelle intensité, cette présence unique de la plénitude de l'Esprit et du Verbe éternel.

* * *

En ces neuf mois, la Mère vit une identité symbiotique et une continuité identifiante avec celui qui germe silencieusement en elle; elle doit expérimenter quelque chose d'unique qui ne se répétera jamais.

Comme nous le savons, entre la maman et la jeune créature en son sein s'opère le phénomène de la symbiose, qui signifie que deux vies ne font plus qu'une seule vie. L'embryon s'alimente de la mère et par la mère, à travers le cordon ombilical. En un mot, deux personnes avec une seule vie ou une vie en deux personnes.

Naturellement, Marie ne connaît rien du processus physiologique précis. Mais une femme intelligente comme elle devine — et surtout «vit» — une réalité symbiotique.

Femme profondément pieuse, elle doit éprouver une sensation indescriptible devant ce phénomène: la créature Marie dépend de son Créateur de telle façon que, si celui-ci retire sa main créatrice, la créature est réduite à néant. Et, en même temps, le Créateur dépend de sa créature, de telle façon que si celle-ci cesse de l'alimenter, la vie du Créateur est en péril. Phénomène qui ne s'est jamais présenté et ne se présentera jamais plus.

* * *

Si la symbiose est un phénomène physiologique, le même phénomène, au plan psychique, s'appelle l'intimité.

Toute personne est «intériorité». Or, quand deux intériorités se croisent et se projettent l'une dans l'autre, l'intimité naît, laquelle n'est pas autre chose qu'une symbiose spirituelle, du fait que de deux présences il ne s'en forme qu'une seule.

La Mère expérimente simultanément la symbiose physiologique et l'intimité spirituelle. Comment? Ni l'intuition féminine la plus pénétrante ni l'imagination la plus vive ne peuvent soupçonner quelles sont la hauteur et la profondeur, l'ampleur et l'intensité de la vie de la Mère en ces neuf mois de son existence.

Durant les longues nuits, dans le sommeil ou dans l'insomnie, durant ses courses à la fontaine ou à la montagne, dans la synagogue ou durant les prières rituelles réglées par la Torah, au travail dans le jardin ou en gardant le troupeau sur la montagne, en tissant la laine ou en pétrissant le pain, la Mère vit prosternée, soumise, perdue en Dieu, concentrée et compénétrée, identifiée à Celui qui est la vie de sa vie et l'âme de son âme. Jamais, dans l'histoire du monde, une mère n'a vécu ni ne vivra une plénitude vitale semblable et une intensité aussi existentielle!

* * *

Le silence s'arrête et s'incarne en Marie, ensemble avec le Verbe. En ces neuf mois, elle n'a pas besoin de prier si par prier on veut dire vocaliser des sentiments ou des idées. Jamais la communication n'est aussi profonde que lorsqu'on ne dit rien, et jamais le silence n'est si éloquent que lorsqu'on ne communique rien.

Durant ces neuf mois, tout est comme paralysé et «en» Marie et «avec» Marie tout s'identifie: le temps, l'espace, l'éternité, la parole, la musique, le silence, la Mère, Dieu. Tout est assumé et divinisé. *Le Verbe s'est fait chair.*

Des scènes brèves

Dans la nuit de Noël, la Mère se revêt de douceur et le silence monte à sa plus haute cime.

Ici, pas de maison, pas de berceau, pas de matrone, nous sommes dans la nuit. Tout est silence.

La nuit de Noël est pleine de charmes: le moment d'enfanter arrive, la Mère met au monde son fils, elle enveloppe de langes le nouveau-né, elle le couche dans une crèche, la musique angélique rompt le silence nocturne, l'ange communique aux bergers la nouvelle que l'Espéré est arrivé, il leur donne un signe pour l'identifier. Les bergers arrivent à la grotte, trouvent Marie, Joseph et l'enfant couché dans une crèche. Certainement ils lui offrent quelque chose, un cadeau. Les bergers racontent à Marie et à Joseph ce qu'ils ont vu et entendu en cette nuit. Marie et Joseph sont dans l'admiration en entendant tout cela.

Et au milieu de tout cela, que fait, que dit la Mère? «Marie, pour sa part, gardait toutes ces choses et les méditait dans son cœur» (Lc 2, 19). Ineffable douceur, au milieu d'une félicité infinie. Et tout est silence.

Beaucoup de mères, quand elles enfantent, pleurent de joie. Nous pouvons nous imaginer la joie de la Mère. Jamais l'expérience n'est si profonde que lorsqu'on ne dit rien.

* * *

En ce jour, (Lc 2, 22-39) une grande commotion se produit dans la foule qui fréquente le temple de

Jérusalem. Un vénérable ancien, secoué par l'Esprit Saint, prend dans ses bras l'enfant, proclame que désormais il peut mourir en paix car ses yeux ont contemplé l'Attendu, dont le destin est de détruire et de construire, de jeter en bas et d'élever. Sa Mère devra se préparer elle aussi, car elle sera engloutie dans ce destin de ruine et de résurrection; et Anne, une vénérable octogénaire, se sent tout à coup rajeunir et commence à annoncer des merveilles sur le compte de l'enfant.

Au milieu de cette commotion générale, que fait, que dit la Mère? «La Mère s'émerveillait des choses que l'on disait» (Lc 2, 33).

Mais Marie vit intensément ces épisodes qui gravent en elle tous les détails, au point que beaucoup plus tard elle pourra transmettre le tout, fidèlement, à la communauté primitive.

* * *

Sur le Calvaire, la Mère est une figure pathétique de silence.

Le Calvaire retentit de clameurs funèbres, de mouvements, de voix, de présences, d'événements telluriques: la croix, les clous, les soldats, les brigands, le centurion, le sanhédrin, le tremblement de terre, la déchirure du voile dans le temple, l'obscurité soudaine, les moqueries, et ces paroles: «Pardonne-leur, car ils ne savent pas ce qu'ils font. — Cette nuit même, tu seras avec moi au paradis. — Père, pourquoi m'as-tu abandonné? — J'ai soif! — Femme, voilà ton fils. — En tes mains, je remets mon esprit. — Tout est consommé.»

Et au milieu de cette symphonie pathétique, que fait, que dit la Mère? «Près de la Croix, sa Mère était debout» (Jn 19, 25). Au milieu de cette scène désolante, cette femme debout, en silence et dans la solitude, comme une pierre muette, sans cris, sans hystérie, sans évanouissements, sans larmes, probablement.

Le prophète Jérémie l'avait imaginée comme une cabane solitaire, sur une haute montagne battue par les ouragans. Ici, sur le Calvaire, le silence de Marie se transforme en adoration. Jamais le silence ne signifie tant de choses qu'en ce moment: abandon, disponibilité, force, fidélité, plénitude, grandeur, fécondité, paix… Jamais une créature n'a vécu un moment avec autant d'intensité existentielle que Marie sur le Calvaire.

* * *

En résumé, nous savons peu de choses sur Marie. Rien sur la date et le lieu de sa mort, ni sur le fait de sa mort. Tout a été imaginé sur les années que vécut Marie. Toutes ces théories manquent de fondements.

Où est-elle morte? À Éphèse? à Smyrne? à Jérusalem? Aucune hypothèse n'a de fondement solide.

On discute aussi sur le fait de sa mort. Marie mourut-elle ou, sans mourir, a-t-elle été élevée au ciel, corps et âme? Les uns prétendent qu'elle ne devait pas mourir parce qu'elle est Immaculée et que la mort est le salaire du péché. Ainsi donc, sans mourir, elle aurait été assumée corps et âme au ciel. D'autres pensent que pour imiter Jésus, Marie s'est soumise à la loi de la mort, qu'elle est donc morte, mais que Dieu l'a très vite ressuscitée et élevée corps et âme au ciel.

Tout le monde espérait que Pie XII dirait la parole finale à l'occasion de la définition dogmatique de l'assomption en 1950. Mais Pie XII n'apporta aucune précision à ce propos.

Dans l'histoire, Marie apparaît comme une surprise. Et elle disparaît ensuite comme quelqu'un qui n'a pas d'importance.

Pendant un bref instant de notre histoire, apparaît une étoile brillante, qui proclame: «Seul Dieu est important.» Et l'étoile disparaît dans le silence.

Quatrième partie

LA MÈRE

Le nom de cette jolie fille était écrit sur la neige. Au lever du soleil la neige fondit et emporta le nom ballotté sur les eaux.

(Kazantzakis)

Elle a accouché·d'un fils pour son plus grand bonheur. Et maintenant il s'est perdu en une douceur silencieuse.

(Hebbel)

Chapitre 10

LA MÈRE DU SEIGNEUR

La Mère éternelle

Une légende bretonne raconte que lorsque des matelots se noient dans les eaux profondes lors d'un naufrage en haute mer, «la Dame de la mort» vient leur murmurer aux oreilles des berceuses, les mêmes que celles que leurs mères chantaient lorsqu'ils étaient au berceau.

Selon un poème oriental, la maman qui meurt revient toutes les nuits pour bercer ses enfants, même s'ils sont adultes. Et pour les orphelins, tous les êtres de la nature, le vent, le branches des arbres, les vagues, les ombres, se transforment en bras maternels pour caresser, accueillir et défendre les chers orphelins.

La mère ne meurt jamais, comme l'affirme Gertrude Von Le Fort:

«Dans la poésie populaire sur la mère, apparaît une profonde parenté entre la naissance et la mort.»

Mère, douleur, mort, fécondité ne sont pas des mots approximatifs ou évocateurs. Ce sont des expressions si affectivement apparentées, si mutuellement conditionnées que, en un certain sens, ce sont des synonymes.

La mère est tout cela à la fois: sacrée et terrestre, pierre et étoile, aurore et crépuscule, énigme et sang, cloche et silence, force et tendresse... elle est comme la terre fertile, elle donne toujours naissance et toujours elle ensevelit les morts, perpétuant inlassablement la vie à travers d'innombrables générations.

* * *

Pour accomplir cette mission, sacrée et terrestre à la fois, la femme, parce que mère et pour être mère, se laisse submerger par le flot des générations.

La mère n'a pas d'identité personnelle isolée, en soi; elle est toujours «en référence» à quelqu'un, l'épouse de... *la mère de...* Elle appartient à *quelqu'un.*

Mais comme, à l'heure de l'accouchement, tout se déroule derrière le rideau, ainsi l'héroïsme de la mère s'écoule en une profonde simplicité, loin du sensationnel. Elle souffre et se tait. Elle pleure en cachette. La nuit, elle veille. Le jour, elle travaille. Elle est le candélabre, les fils sont la lumière. Comme la terre, elle donne la vie silencieusement. C'est là sa grandeur et sa beauté.

Gibran dit:

«Nous mourons pour pouvoir donner vie à la vie, tout comme les doigts tissent avec le fil la toile que jamais nous ne porterons.»

«Nous jetons le filet pour les poissons que jamais nous ne goûterons. C'est dans ce qui nous attriste que nous trouvons notre joie.»

Le mystère de Marie se projette comme une lumière sur la mère éternelle, celle qui jamais ne meurt et qui toujours survit. La figure de Marie Mère assume et résume la douleur, le combat et l'espérance du nombre infini de mères qui ont perpétué la vie sur la terre.

Entre la fermeture et l'ouverture

L'incarnation est fermeture et ouverture, simultanément. D'une part, elle achève et couronne les interventions fulgurantes de Dieu, effectuées au long des siècles, particulièrement en faveur de son peuple Israël.

Le Dieu de la Bible, notre Dieu, n'est pas une abstraction mentale, comme l'ordre, la loi, la puissance, la volonté. Notre Dieu est *quelqu'un*. Il est Quelqu'un qui intervient, qui entre en scène, qui provoque les événements, fait irruption dans l'intimité de la personne mais toujours en vue de la libérer. En un mot, il est une *personne* : il parle, il défie, il supplie, il pardonne, il fait alliance, il temporise, parfois il dispose. Il est surtout un Dieu qui aime, qui se préoccupe, qui prend soin: il est PÈRE.

D'autre part, l'incarnation est l'ouverture d'un royaume qui ne connaîtra jamais de fin. Les royaumes de la terre, à l'intérieur du cycle temporel inévitable, naissent, croissent, meurent. L'Église est un nouveau théâtre de manifestations, le nouvel Israël, la propriété de Dieu. Tout comme Dieu est un Vivant éternel parce qu'il est hors de tout processus biologique, ainsi l'Église, qui n'est rien d'autre que l'incarnation prolongée et projetée, vivra jusqu'à ce que les rideaux tombent et que le temps prenne fin.

L'incarnation ouvre donc une route toujours en avant et toujours montante, jusqu'au sommet.

Et à ce carrefour entre la fermeture et l'ouverture, se lève Marie avec son *oui*.

Né de la femme (Ga 4, 4)

Matthieu et Luc ouvrent leur évangile respectif avec des listes pénibles à lire et arides, appelées *généalogies*. Luc trace la sienne en ligne ascendante, et Matthieu en ligne descendante.

Bien que de telles généalogies soient monotones, elles renferment toutefois une grande densité de signification. Elles veulent dire que notre Dieu n'est pas une force primitive ou un ordre, une hiérarchie cosmique; il est un Dieu concret, bien que sans nom, le Dieu d'Abraham, le Dieu d'Isaac, le Dieu de Jacob; en un mot, le Père de notre Seigneur Jésus Christ.

> «C'est lui qui de l'ancien fait surgir du nouveau, et qui donne à ce qu'on espère sa pleine réalisation, quelqu'un qui n'arrête pas l'histoire mais qui la conduit à son achèvement; qui collabore avec les hommes et qui, de leurs pauvres efforts et même de leurs gaucheries, construit quelque chose d'achevé[1].»

Dans la ligne descendante de Matthieu, Marie prend place à la fin de la généalogie. Tout arbre généalogique, chez les Juifs, suit rigoureusement la lignée masculine, mais ici, à la fin, surgit le nom de Marie. C'est étrange mais compréhensible.

---

[1] Karl Hermann Schelkle, *Marie Mère du Rédempteur,* p. 29.

Marie apparaît ici à cause d'une référence nécessaire au Christ. Puisque Jésus Christ est le terme et le couronnement de la liste, et qu'on ne peut concevoir le Christ sans Marie, il fallait bien que Matthieu fasse une place à Marie. Et c'est ainsi que Marie entre dans le Nouveau Testament, s'introduit à la fin d'une généalogie en référence nécessaire à Quelqu'un et en tant que Mère!

> «Jacob engendra Joseph, l'époux de Marie, de qui naquit Jésus, appelé Christ» (Mt 1, 16).

Selon la Bible, Marie est donc située en une intersection, elle occupe un lieu central entre les hommes et Dieu. Le Fils de Dieu reçoit de Marie la nature humaine et entre sur la scène humaine par cette voie.

Les générations humaines se suivent, avançant l'une après l'autre, jusqu'à ce que, invariablement, elles terminent leur course dans le Christ, tout comme les rivières aboutissent à la mer. Tout le mouvement de l'histoire converge vers le Christ et culmine en lui: la Loi, les Prophètes, toute la Parole. Or le Christ apparaît en relation étroite avec Marie, «de qui naquit le Christ». Dans la généalogie, Marie est nommée immédiatement avant le Christ. Marie est donc la représentante des générations qui la précédèrent, et, en même temps, elle est la porte des générations futures qui seront rachetées.

En un mot, parce qu'elle est Mère, elle est, ensemble avec le Christ, mais après lui, le centre et la convergence de l'histoire de salut.

> «Nous devons mentionner la Mère du Christ comme le lieu où se réalisa le passage décisif du Fils Éternel de Dieu à la nature et à l'histoire humaine.

171

La Mère se trouve entre Dieu et les hommes. Ici se réalise la décision historique du Salut[2].»

Mère de Dieu

La doctrine invariable de l'Église enseigne que Jésus Christ, en tant que personne humaine, est engendré vraiment par une mère humaine. Jésus est, rigoureusement parlant, fils de Marie. À la manière de n'importe quelle mère qui fournit tout le fruit de ses entrailles, Marie fournit une nature humaine à laquelle s'identifie le Verbe, et le fruit en est Jésus Christ.

En nous appuyant sur la portée et le sens du dogme élaboré par la réflexion de l'Église à partir des données bibliques et défini par le Concile d'Éphèse, Marie est non seulement mère du Christ en tant qu'homme, mais aussi mère de Jésus Christ en tant qu'il est la personne divine du Verbe. Tel est le sens du premier dogme marial, proclamé avec tant de joie à Éphèse en 431. Le Verbe est *son fils*, et Marie est *sa mère,* de même que toutes les mères le sont de la personne complète.

Par hypothèse, le Verbe aurait pu s'incarner, par exemple, en s'identifiant substantiellement, à un moment donné, à une personne adulte. Mais cela ne s'est pas passé ainsi. Selon la vérité révélée, Dieu est entré dans l'humanité par le chemin normal d'un processus biologique, à partir des premières phases de l'embryon humain.

C'est pour cela que l'on parle de maternité divine. C'est pour cela qu'Élisabeth se demande: «Comment

---

[2] K.H. Schelkle, *ibid.*, p. 34.

se fait-il que la Mère de mon Seigneur soit ici?» Saint Paul, parlant de Jésus Christ l'Éternel dit qu'il fut «fabriqué» dans le sein d'une femme (Ga 4, 4).

Il utilise une expression vigoureuse: né «selon la chair» (Rm 1, 2). Et l'ange de l'annonciation, parlant à Marie de l'identité de celui qui fleurira dans son sein, dit qu'il s'agit du «Fils du Très-Haut».

* * *

Toute personne doit son existence à l'activité génératrice d'une mère. D'après la doctrine de l'Église, chacun de nous en tant que «fruit», est débiteur de l'activité maternelle; mais en tant que personne, nous ne sommes pas totalement le produit du processus générateur, parce que l'âme immortelle vient directement du Dieu immortel. L'activité maternelle prépare une constitution somatique, un corps, en qui Dieu infuse directement son souffle immortel, et ceci se produit dès le premier instant embryonnaire.

Mais, à la fin du compte, la mère accouche d'une *personne,* elle est mère d'une personne, corps et âme. Cette explication nous facilitera l'intelligence de la maternité divine.

* * *

Le Christ n'est pas seulement humanité, pas seulement divinité. C'est l'union de l'humanité et de la divinité dans le Verbe préexistant de toute éternité, qui fait que Jésus Christ est Dieu et homme à la fois. Et cette union s'est produite en Marie. C'est pourquoi l'on parle d'un processus de personnification, porté à terme dans le sein de Marie.

Nous pourrions dire que simultanément l'humanité assume la divinité, et que la divinité assume l'humanité. Et ce point de convergence, le nœud central de l'histoire du monde, se réalise «en» Marie. Sous cet angle de vue, nous pourrions affirmer de plein droit que Marie est le centre de l'histoire.

Pour être plus précis, nous pouvons dire que Jésus Christ est «l'homme qui devient Dieu», selon l'expression la plus courante chez les Pères grecs. En même temps nous pouvons dire que Jésus Christ est «le Dieu qui devient homme». Ce serait la traduction la plus exacte du nom *Emmanuel.* Voilà pourquoi nous disons si souvent que Dieu s'est manifesté en Jésus Christ.

* * *

Pour le théologien Scheeben, la maternité de Marie, à proprement parler, fait finalement qu'un homme est réellement Dieu. Il ne serait donc pas exact de dire que Marie est la mère d'un homme qui, *en même temps,* est Dieu, comme si son activité maternelle n'atteignait directement et immédiatement, quasi exclusivement, que l'humain dans le Christ. Afin d'éviter toute confusion, il faut déclarer clairement que le terme direct et final de l'activité génératrice de Marie est l'Homme-Dieu. C'est ce que nous voulons exprimer en disant que Marie est la Mère de Dieu.

Il ne serait donc pas exact de penser que la collaboration génératrice de Marie est ordonnée premièrement à la formation de la nature humaine du Christ, simplement comme homme, et, secondairement, comme Homme-Dieu. Cet Homme-Dieu, étant une personne divine, on conclut évidemment que l'activité maternelle de Marie a pour finalité et pour terme l'existence divine de l'homme, et en même temps, l'existence humaine du Verbe.

Suivons le raisonnement de Scheeben: le Verbe éternel devient l'objet de l'activité maternelle de Marie en autant que, d'elle et en elle, il se revêt de chair. Bien plus: l'activité maternelle de Marie a pour but le Verbe, de façon tellement explicite et directe que nous pouvons affirmer que ce processus générateur n'a pas d'autre finalité que de «revêtir» le Verbe de la chair humaine de Marie. D'où la vigoureuse expression de saint Paul: «né de la chair» (Rm 1, 2).

Le Verbe est avant tout une personne divine qui arrive à posséder une nature humaine. C'est ce que nous voulons dire quand nous affirmons que Marie est la Mère de Dieu, *Theotokos*.

La naissance est un acte de la maternité, mais de fait elle n'est pas autre chose que la *manifestation*, «la mise en lumière» d'un processus générateur, réalisé dans le sein obscur de la mère tout au long de ses neuf mois.

Né de Marie Vierge

Depuis des siècles, l'Église répète sans cesse ces paroles pleines de grandeur et de majesté: «*Et incarnatus est de Spiritu Sancto ex Maria Virgine.*» Le mystère de l'incarnation! Le Verbe s'est fait *chair* «en» et «de» Marie Vierge, par l'œuvre du Saint-Esprit.

On veut dire que cette chair assumée par le Verbe est «fabriquée» par la puissance créatrice et directe de l'Esprit Saint, et non à l'intérieur d'un processus biologique normal. Et le dogme et l'Écriture vont jusqu'à affirmer que cette opération créatrice de l'Esprit Saint s'est réalisée concrètement «en» et «de» Marie. La préposition latine «ex» a un sens très profond et plus complexe que notre préposition «de».

L'action exceptionnelle de l'Esprit Saint n'exclut pas l'activité génératrice maternelle, elle la requiert expressément. Ainsi se réalise une collaboration mutuelle entre l'action du Saint Esprit et l'activité maternelle de Marie: l'une dans l'autre et l'une à côté de l'autre. Comme dit avec beaucoup de précision Scheeben[3], Marie est un vrai principe de l'humanité du Christ, bien que subordonné à l'Esprit Saint et agissant sous l'action de celui-ci. Et les deux, l'Esprit Saint et Marie, agissent ensemble en une action commune.

Cette activité de la part de Marie implique une collaboration biologique et une autre, spirituelle, dont nous parlerons plus tard.

Biologiquement, toute mère, avant de s'unir avec son époux, prépare, ou mieux, forme en elle-même, un germe organique capable d'être fécondé par l'action de l'homme. Puis, en un processus symbiotique, la mère fournit l'alimentation et la respiration, le sang, disons-le ainsi, à travers le cordon ombilical, jusqu'à ce que le fruit arrive à maturité; alors il se détache et sort à

---

[3] L'auteur s'inspire ici de Scheeben, *La mère et l'épouse du Verbe.*

la lumière. Cette collaboration génératrice de la mère s'appelle gestation. La naissance, biologiquement n'a pas d'importance: c'est un simple détachement.

* * *

Suivant l'Écriture, le dogme d'une part exclut en ce processus maternel la fécondation naturelle, et d'autre part affirme l'activité génératrice de Marie.

À la différence du processus humain normal, où le germe paternel participe à la formation de la substance corporelle, dans la génération de Jésus Christ la fécondation paternelle est remplacée par la puissance créatrice de Dieu agissant sur la substance humaine tirée uniquement de la Mère.

Cette opération, selon l'Écriture, consiste en une «invasion» de l'Esprit Saint et une «action» de la puissance infinie de Dieu (Lc 1, 35). Pour dire cela, l'Écriture utilise quelques très belles expressions comme «l'*ombre* du Très-Haut *couvrira* Marie». Ce sont de nobles expressions qui rappellent l'action de certains éléments naturels laissant intact le sujet sur lequel ils agissent, comme la lumière, le nuage, l'ombre, la rosée.

En un mot, dans le processus générateur de l'incarnation, l'Esprit Saint est l'*agent* qui apporte la puissance créatrice émanant directement du Très-Haut.

Le sens de la maternité virginale

L'Écriture et la Traditon affirment avec force et insistance le fait de la maternité virginale. Peut-on scruter les raisons de Dieu pour une option si étrange et si exceptionnelle dans l'histoire de l'humanité?

Il semblerait en premier lieu que Dieu veuille, par ce fait, établir de façon claire et irréfutable, que l'unique père de notre Seigneur Jésus Christ est Dieu lui-même. Jésus Christ tire son origine non de la volonté du sang, ni d'aucun désir charnel, mais de la seule volonté du Père.

De plus, dans la maternité virginale, le processus biologique qui vient d'Adam est rompu et dépassé. Pour la première fois, l'ordre ancien est interrompu pour authentifier l'arrivée de Jésus Christ qui établit un nouveau plan, non de génération par le sexe, mais de régénération par l'esprit.

La virginité de Marie est symbole, figure et modèle de l'Église, surtout de cette Église définitive et céleste, qui n'est autre qu'une multitude innombrable de vierges où l'amour atteint sa plénitude, où la sexualité est dépassée jusqu'à la sublimation totale, et où il n'y a plus de place pour le mariage. Une patrie nouvelle, un ordre nouveau, un nouvel amour. Le Christ a tout transformé. Et le Transformateur devait entrer dans ce monde d'une manière différente et virginale, il devait vivre et mourir d'une façon différente et virginale. «C'est moi qui fais toute chose nouvelle», dit l'Apocalypse.

La Vierge Marie est l'image de l'Église-Vierge. Les chemins que parcourent les libérateurs au milieu de la nuit sont des chemins de solitude. Toute femme désire avoir des enfants et quelqu'un à ses côtés qui lui offre protection, affection et sécurité; elle désire des costumes pour briller, des bijoux pour éblouir, une maison pour l'héberger. Une vierge, par contre, est une itinérante solitaire qui voyage dans la nuit. C'est une figure solitaire, mais fascinante. Sa solitude a une splendeur cachée. Elle est une terre de Dieu, l'héritière exclusive du Seigneur; seul Dieu a accès à son territoire qu'il possède totalement. Telle est la Vierge Marie, et ce doit être aussi l'Église vierge: foi, humilité, pauvreté, service, disponibilité, parmi les persécutions, les combats et l'espérance.

C'est tout ceci que signifie la virginité consacrée.

* * *

Selon ce que dit l'ange de l'annonciation, celui qui germera dans le sein de Marie sera appelé *saint* (Lc 1, 35), et le Saint qui naîtra d'elle la sanctifiera.

Dans la Bible, *saint* n'est pas un adjectif, une qualité ou une propriété, c'est un substantif qui veut dire, comme le traduit très bien Schelkle: «entraîné hors du monde avec Dieu et par Dieu». En ce sens, *saint* se réfère aux verbes séparer, réserver, mettre à part.

De là vient le sens profond de la virginité: quelqu'un séduit par Dieu, mis à part du lot commun, se tenant toujours debout, soutenu seulement par le bras puissant du Père, et illuminé par l'éclat voilé de son visage.

> «Originellement, Dieu est saint parce qu'il est séparé du monde, il est totalement distinct de lui. Saint est celui qui, séparé de ce monde, appartient au monde de Dieu. Ainsi Marie, par la sainteté de son fils, est sainte. Elle est retirée de l'ambiance du créé, et située dans la sphère des choses et des personnes que Dieu a faites siennes. C'est pour cela que Joseph n'a pas de relations sexuelles avec Marie[4].»

---

[4] K.H. Schelkle *Marie, Mère du Rédempteur,* p. 44.

La maternité virginale est quelque chose de tellement inouï que l'on ne peut l'accepter que si on la regarde comme un des grands gestes du Salut.

> «Le miracle de la naissance du Christ sans un père terrestre est précisément la révélation de la liberté et de l'action créatrice de Dieu.
>
> Jusque dans la corporéité du Christ on trouve contenu ce message: maintenant commence du nouveau, un acte créateur de Dieu et une preuve de sa puissance.
>
> Dans ce sens peut s'interpréter l'assertion de saint Paul (1 Co 15, 45-47) que le Christ, comme nouvel Adam, chef et tête d'une humanité nouvelle, ne fut pas formé de la terre, mais qu'il procède du Ciel et qu'il est vivificateur.
>
> Le Christ, créature humaine, n'a pas de père. Jésus Christ homme est une œuvre directe de Dieu. À lui seul revient la gloire de l'œuvre et de la vie de Jésus[5].»

* * *

Nous vivons tous noyés dans une atmosphère d'inspiration freudienne, dans une société de plus en plus sécularisée. On a tellement exalté le mythe du sexe que les croyants eux-mêmes commencent à sentir une certaine gêne devant la naissance virginale. Ils n'ont pas de difficulté à accepter des faits beaucoup plus sensationnels comme la résurrection, mais ils sentent je ne sais quelle gêne devant cet autre fait du salut. Ils oublient que nous nous trouvons devant un dogme de foi.

---

[5] Schelkle, *ibid*, p. 69.

Marie durant les mois de gestation

Pour tenter de connaître les sentiments de Marie durant les jours de sa grossesse, plaçons-nous dans des situations analogues.

Si nous demandons aujourd'hui à une femme enceinte — qui est en même temps une femme de grande foi et d'intériorité —, quels sentiments elle éprouve en cet état de grossesse, souvent elle ne sait quoi répondre. Ce n'est pas étrange, car ce qu'elle vit est tellement insondable de l'extérieur. À la fin elle réussira peut-être à évoquer avec difficulté et hésitation un monde ineffable, un monde qui naît et qui meurt avec sa propre maternité.

Quel est l'état psychique et spirituel de Marie durant ces jours de gestation? Dans les scènes de l'annonciation, Marie apparaît posséder une maturité exceptionnelle, une grande capacité de réflexion; elle paraît surtout très «intérieure». Et tout cela dans des proportions qui ne correspondent pas à son âge.

Si nous mesurons sa stature spirituelle dans le contexte du *Magnificat,* nous découvrons que Marie est une jeune fille vibrante, capable d'exaltation même, bien que, en général, elle se montre réservée et silencieuse. Elle connaît l'histoire d'Israël et elle est pleinement consciente du sens de l'incarnation. De plus, elle est Immaculée, pleine de grâce, habitée par la présence substantielle du Verbe, et soumise à l'action directe de l'Esprit Saint.

Telle est la personne qui va vivre une expérience unique.

* * *

L'esprit peut difficilement concevoir, et la langue exprimer, et l'intuition la plus pénétrante deviner quelles sont l'ampleur et la profondeur de sa relation intérieure, de sa communion avec Dieu durant ce laps de temps. Le monde intérieur de Marie s'enrichit puissamment en ces neuf mois, au plan physique, psychique et spirituel.

C'est quelque chose d'unique et d'ineffable.

Marie vit plongée en un univers sans fond et sans contours, contemplant sans cesse le centre de son être où se réalise le mystère infini de l'incarnation. Tout le corps et l'âme de Marie sont centrés sur son magnifique Seigneur qui occupe le territoire de sa personne.

La physiologie décrit admirablement bien de quelle façon, durant les jours de grossesse, toutes les fonctions vitales de la mère enceinte convergent vers la jeune créature au centre de son organisme et collaborent à sa formation. En Marie, si les fonctions physiologiques se dirigent naturellement vers le lieu où germe le Fils de Dieu, en même temps, toute son âme — son attention, ses émotions, ses énergies profondes — est tendue librement et avec ferveur vers ce même centre, théâtre des merveilles de Dieu.

* * *

Aujourd'hui, en n'importe quelle clinique de maternité, on vérifie, avec un spectoscope, le phénomène suivant: quand la maman vit une émotion, le fœtus en son sein réagit de la même façon. Si le rythme cardiaque de la mère s'accélère, celui de l'enfant s'accélère aussi. Si le cœur de la mère enceinte s'apaise, celui du fœtus s'apaise aussi. Toutes les alternances émotives de la maman sont vécues par l'enfant, et détectées par l'aiguille du spectroscope.

Dans notre cas, le Créateur et la créature vivent du même sang, se nourrissent du même aliment, et le Seigneur et la Servante respirent le même oxygène. Ainsi, comme leurs corps sont un même corps selon le phénomène de la symbiose, de la même manière leurs esprits sont un même esprit: l'attention de Marie et «l'attention» de Dieu sont mutuellement entremêlées, produisant ainsi une intimité inénarrable. Marie vit toute perdue dans la présence totale de son Dieu et Seigneur.

Toutes les énergies mentales de Marie demeurent concentrées et unifiées en Celui qui est «avec» elle, en Celui qui, d'autre part, est l'âme de son âme et la vie de sa vie. En ces moments, la prière de Marie ne s'exprime pas en paroles, ni même en réflexion. Parce que dans une réflexion, il existe un mouvement de l'esprit, un va-et-vient des énergies mentales, un processus qui diversifie et qui multiplie. En Marie, en ces moments de grande intimité avec son Seigneur , il n'existe pas de mouvements de l'esprit. Tout est tranquille. Cette intimité spirituelle est plutôt un état, une situation. En tous cas, la Vierge *tout entière* et toutes ses énergies mentales, sont intégrées en un acte, en une attitude simple et totale. Marie demeure *en* Dieu, *avec* Dieu, *à l'intérieur* de Dieu, et Dieu *à l'intérieur* de Marie.

L'expression exacte pourrait être celle-ci: Marie *tout entière* demeure *en son* Fils-Dieu.

C'est un partage, une communion de vie dense et pénétrante. Durant ces moments les plus sublimes, Marie n'a besoin ni d'images ni de pensées précises, parce que les pensées rendent présent quelqu'un qui est absent. Dans le cas de Marie enceinte, il n'est pas nécessaire de rendre présent un absent, parce qu'il est là, «avec» elle, il est présence, identifié avec son corps et avec son âme.

Malgré cette identification, Marie conserve nettement conscience de sa propre identité, et, plus que jamais et mieux que jamais, elle mesure la distance entre la majesté de son Seigneur et la petitesse de sa servante, émue et reconnaissante.

* * *

L'action de l'Esprit Saint, agent de la puissance créatrice du Tout-Puissant pour former une substance corporelle dans le sein de Marie, ne se limite pas à la germination initiale de l'embryon. Dès que l'embryon se développe naturellement pour former un organisme humain, l'Esprit Saint ne se retire pas comme quelqu'un qui a rempli sa mission, mais il accompagne Marie de son influence durant tout le processus de la gestation.

Nous nous trouvons ici devant un mystère où se perd l'imagination humaine. Marie reçoit donc en elle le Verbe éternel, la seconde personne de la Trinité, et en même temps demeure en elle l'Esprit Saint.

De sorte qu'en toute rigueur, Marie est en ce temps-là le temple véritable de la Sainte Trinité. S'il est vrai que Dieu n'occupe ni temps ni espace, les communications intratrinitaires s'effectuent durant ces neuf mois dans l'enceinte personnelle de Marie, dans le périmètre de ses dimensions corporelles. Mais de quelle façon? Ici, l'on se perd.

«En» Marie, durant ces neuf mois, le Père est *Paternité*, c'est-à-dire, qu'il continue son éternel processus d'engendrer son Fils. Celui-ci qui est proprement *Filiation*, continua d'être engendré, à son tour, dans le processus éternel. Et de la projection des deux en eux-mêmes naît le Saint-Esprit. Depuis toujours et pour toujours la même chose se produit: dans le circuit fermé de l'orbite intratrinitaire se déroule un courant vital de fécondité, de connaissance et d'amour, une vie ineffable de communication abondante entre les trois Personnes. Or, cet immense mystère se développe maintenant dans le cadre limité de cette femme fragile et enceinte. Ceci dépasse toute imagination.

Le mystère total et trinitaire enveloppe, pénètre et occupe tout en Marie. La jeune femme enceinte a-t-elle conscience de ce qui se passe en elle? Il en est toujours ainsi: plus grande est la densité d'une expérience, moins grande est la capacité de la conceptualiser, et surtout moindre encore est la capacité de l'exprimer. Selon sa spiritualité de *pauvre de Yahvé*, Marie a livré inconditionnellement son territoire, et maintenant, elle ne se préoccupe que d'une chose, être réceptive, dans la logique de son abandon. Son problème n'est pas de savoir, mais de rester fidèle.

* * *

Cependant Marie n'est pas une personne enceinte aliénée. La pseudo-contemplation aliène. Mais la vraie contemplation conduit à la maturité, repose sur le sens commun, et engendre la fécondité. Il est vrai que Marie vit soumise à la volonté de Dieu. Mais, en cette présence, ses pieds touchent la terre et la foulent fermement. Elle sait qu'elle doit se suralimenter parce que Celui qui va naître participe à son alimentation.

Vivre perdue en Dieu signifie pour elle vivre dans toute la réalité humaine et terrestre. Elle commence à préparer, à tisser les langes pour emmailloter Celui qui doit venir. Elle veille aux préparatifs compliqués de la «procession», le mariage proprement dit, et, au jour fixé, réalise cette «procession» à la maison de Joseph. Elle se préoccupe d'éviter la malédiction populaire, qui retomberait surtout sur le fils, en dissimulant les effets visibles de la grossesse, et, probablement pour cette raison, elle hâtera son voyage à Bethléem.

La présence de Dieu éveille surtout la sensibilité envers les autres. C'est ainsi que la jeune femme va rapidement à la maison d'Élisabeth pour la féliciter, pour l'aider dans les derniers mois de sa grossesse, et dans les tâches de l'enfantement, demeurant avec elle durant trois mois. Dieu est ainsi. Jamais il ne nous laisse en paix, il «désinstalle» toujours. Toujours il nous arrache à nos propres commodités, il nous détache du petit cercle de nos intérêts personnels, pour nous lancer vers les nécessiteux de ce monde et nous mettre en état de service.

Jamais on n'a vu le portrait d'une mère marqué de tant de douceur, de tendresse et de silence. Jamais on ne verra sur cette terre une figure de femme évoquer tant de perfection. Jamais les yeux humains ne contempleront tant d'intériorité. Toutes les femmes de la terre, dans le passé comme dans l'avenir, trouveront dans cette jeune femme enceinte leur plus sublime expression.

Toutes les mères de l'histoire humaine qui sont mortes dans les affres de l'enfantement, ressuscitent ici, dans le sein de cette Mère enceinte, pour accoucher avec Elle d'impérissables générations. Les voix et les harmonies de l'univers composent ici, en cette jeune femme enceinte, une symphonie immortelle.

Marie est cette femme enceinte qui apparaît dans la grandiose vision de l'Apocalypse, vêtue du soleil, la lune sous les pieds, et couronnée d'une gerbe d'étoiles (Ap 12, 1-15).

Le Fils, portrait de la Mère

De Marie nous savons peu de choses. Le Nouveau Testament est parcimonieux en détails sur la Mère. Dans l'évangile, sa figure se perd dans la pénombre, et il nous faut cheminer à travers des déductions et des intuitions pour capter quelque chose de la personnalité de Marie.

Malgré cela, nous disposons d'une source sûre de renseignements, son propre Fils. Nous sommes tous un produit des inclinations et des tendances combinées de notre père et de notre mère, transmises par ce qu'on appelle *les lois mendéliennes* de l'hérédité.

Les caractères, tant de la physionomie que du psychisme, se transmettent des parents à leurs enfants, par le canal et sous la forme de *codes génétiques*. À l'intérieur de l'ovule, les chromosomes sont formés de petits éléments unis en chaîne. Ces corpuscules élémentaires s'appellent des *gênes*, et ceux-ci sont les porteurs des caractères des parents. Ces gênes forment différentes formules ou combinaisons génétiques; ce sont eux qui déterminent en grande partie les traits de la physionomie ainsi que les tendances psychologiques transmises par les parents et héritées par les enfants. On ne sait pas encore — mystérieux secret — comment les chromosomes paternels et maternels se combinent en un code génétique, mais nous savons qu'à travers ces codes les caractères combinés des parents arrivent à leurs enfants.

Or, Jésus Christ n'a pas de père au sens génétique du mot. Ainsi donc, en son cas, la transmission des traits de physionomie et de psychologie se réalise par un seul canal provenant d'une seule source, sa Mère.

À cause de cela, la ressemblance physique entre la mère et le Fils doit être très grande. Les réactions et le comportement général doivent être très semblables dans la Mère et dans le Fils, ce qui, d'autre part, se laisse deviner clairement dans les évangiles. Comment est Marie? Nous n'avons qu'à regarder Jésus. Le Fils est le *double* de sa Mère, sa photographie, son image exacte, tant au point de vue physique que sur le plan des réactions psychologiques.

* * *

Les évangiles nous livrent d'autres aspects très intéressants pour savoir, de façon déductive, qui et comment est Marie. En premier lieu, Jésus est cet Envoyé qui, avant de proclamer les béatitudes, les vit lui-même jusqu'à leurs ultimes conséquences.

En deuxième lieu, Jésus est ce Fils qui, dès son enfance, observe et admire en sa mère tout cet ensemble d'attitudes humaines, l'humilité, la patience, la force, que, par la suite, il proclame sur la montagne, sous forme d'exclamations. En effet, partout où Marie apparaît dans les évangiles, elle le fait avec ces caractéristiques qui sont décrites dans le sermon sur la montagne: patience, humilité, force, paix, douceur et miséricorde.

Nous tous, de quelque façon, nous sommes ce qu'est notre Mère.

Une vraie mère s'efforce, de quelque manière, de former son enfant à son image et ressemblance, en ce qui concerne l'idéal, les convictions et le style de vie. Jésus a dû être profondément impressionné par ce qu'il voyait et admirait, dès sa plus tendre enfance, en sa mère, et il l'imitait, sans même le vouloir: ce silence, cette dignité et cette paix, cette habitude de sa mère de ne pas se laisser impressionner par des adversités...

Il nous semble évident que Jésus, consciemment ou non, s'en rendant compte ou non, ne fait pas autre chose sur la montagne que de peindre cette figure spirituelle de sa mère qui surgit de son subconscient. Un subconscient alimenté des souvenirs qui remontent à ses premières années. Les béatitudes sont une photographie de Marie.

* * *

En avançant dans les pénombres de l'évangile, nous soupçonnons un parallélisme impressionnant entre la spiritualité de Jésus et celle de sa Mère. À un moment crucial de sa vie, Marie a décidé de sa destinée en disant *Qu'il me soit fait* (Lc 1, 37). Quand arrive l'«heure» de Jésus, il décide du destin de sa vie et du salut du monde avec la même parole, *Qu'il me soit fait,* (Mc 14, 36). Cette parole symbolise et synthétise une vaste spiritualité qui embrasse la vie entière, avec ses impulsions et ses engagements dans la ligne des *pauvres de Yahvé.*

Quand Marie veut exprimer son identité spirituelle, sa «personnalité» devant Dieu et les hommes, elle le fait avec les paroles que voici: «Je suis la servante du Seigneur» (Lc 1, 38). Quand Jésus se propose lui-même comme une image pour qu'elle soit copiée et imitée, il le fait avec les paroles «doux et humble» (Mt 11, 9). Selon les exégètes, les deux expressions se recoupent dans la spiritualité des *pauvres de Yahvé.*

Marie affirme que le Seigneur détrône les puissants et élève les humbles (Lc 1, 52). Jésus fait écho: les orgueilleux seront abaissés et les humbles exaltés.

De ces parallélismes et de bien d'autres dans les évangiles, nous pourrions déduire que Marie a eu une influence extraordinaire et déterminante sur la vie et la spiritualité de Jésus; que l'on doit à Marie beaucoup de l'inspiration évangélique, comme à une source lointaine; que la Mère a été une excellente pédagogue; que cette pédagogie n'a pas consisté en longs discours, mais dans une vie intensément vécue, animée d'une spiritualité spécifique qui est restée imprimée dans son Fils, dès son enfance; et qu'enfin, l'évangile est, en général, un écho lointain de la vie de Marie.

Un voyage hâtif

La tradition et l'imagination populaire supposent depuis des siècles que Marie entreprend son voyage de Nazareth à Bethléem quelques jours avant son accouchement. L'immense majorité des auteurs se contentent de cette hypothèse, sans pousser plus loin. Paul Gechter tire du contexte évangélique une conclusion très différente, qui jette sur Marie une grandeur singulière, nous semble-t-il[6].

D'après Luc, (Lc 2, 1), Marie et Joseph, déjà mariés, se voient obligés de faire le voyage à Bethléem sous la pression de l'édit impérial. Cette raison n'exclut pas que ce voyage ait pu avoir d'autres motifs.

La suite des événements peut se présenter de la façon suivante: trois mois après l'annonciation, Marie revient de Aïn Karim à Nazareth. Un beau jour, nous ne savons quand, Joseph reçoit l'explication de ce qui est arrivé à Marie. Matthieu (1, 24) donne l'impression que la *procession* nuptiale a lieu le plus tôt possible, immédiatement après la clarification de cette situation. Cette procession peut avoir lieu entre le quatrième et le cinquième mois après l'annonciation, c'est-à-dire un peu avant que les symptômes de la grossesse ne commencent à être visibles.

Derrière cet empressement, nous devinons la préoccupation et la crainte de Joseph de voir très tôt s'enflammer la malédiction populaire contre Marie.

Si Joseph veut défendre la réputation de la Mère et surtout celle du Fils, il faut se hâter de s'éloigner de

---

[6] Paul Gechter, *Marie dans l'Évangile,* pp. 190-191.

Nazareth. Or se présente la magnifique occasion du recensement impérial qui doit avoir été promulgué quelques mois auparavant. L'ordre impérial est providentiel pour eux, parce qu'ainsi leur éloignement de Nazareth n'apparaîtra étrange à personne, alors que, semble-t-il, il était planifié par les deux époux (Mt 2, 22).

Ainsi s'éclaire l'intention voilée derrière l'expression de Luc, «elle était enceinte» (Lc 2, 5). On décèle là le vrai motif du voyage anticipé. Marie devait s'éloigner le plus tôt possible. À Bethléem personne ne s'étonnerait de la grossesse de Marie, personne ne connaissant la date du mariage. Gechter ajoute: «Ainsi, sur l'Incarnation de Jésus, un voile était tendu qui cachait le mystère aux Nazaréens et aux Bethléémites.»

Luc ne dit pas: «quand ils arrivèrent là-bas» les jours de l'accouchement étaient accomplis, mais «pendant qu'ils étaient là» (Lc 2, 6). Ce texte laisse donc une large marge pour fixer la chronologie de la naissance. Que l'accouchement ait eu lieu immédiatement après leur arrivée ou après un temps plus ou moins long, le texte n'en dit rien.

Si on accepte ce raisonnement, Marie et Joseph auraient voyagé de Nazareth à Bethléem à peu près au cinquième mois de la grossesse.

Quoi qu'il en soit, la situation ne doit pas être idyllique. Marie doit vivre en tout cas dans une situation humainement dramatique. Mais là est sa vraie grandeur. Quand une personne vit immergée en Dieu et abandonnée à sa volonté, comme l'est Marie, cette personne ressent une grande sécurité et dégage une paix profonde, même au milieu d'une furieuse tempête. N'importe qui d'entre nous peut le constater: quand on vit intensément la présence de Dieu, alors on n'a peur de rien, on se sent souverainement libre, et, quoi qu'il arrive, on vit dans une paix inébranlable.

Les situations menaçantes entourant Marie n'empêchent en rien cette profondeur, cette douceur et cette intimité qu'elle connaît durant toute cette époque. C'est une leçon pour notre vie.

Chapitre 11

DIVINE PÉDAGOGIE

Nous sommes toujours frappés par un phénomène étrange qui se cache et transparaît dans les plis du récit évangélique: la conduite de Jésus à l'égard de sa mère. Elle ne ressemble pas à l'attitude des autres fils à l'endroit de leur propre mère. Chaque fois que Marie apparaît dans les évangiles, Jésus semble assumer à son égard, délibérément, une attitude froide et choquante. Cette attitude cache un mystère que nous devons élucider. Il s'agirait d'une divine pédagogie.

Il est inutile de changer le sens des paroles et de chercher des interprétations forcées, afin d'imprimer un peu de suavité à la dureté indéniable de certaines expressions. Jésus n'est pas un fils ingrat. Pourquoi se comporte-t-il ainsi? Marie est l'expression de la suprême délicatesse et de la bonté; elle ne mérite pas un tel traitement. Pourquoi cela?

Une dense théologie palpite ici, qui confère au message évangélique une profondeur toujours plus surprenante. Et, dans ce contexte, le comportement de Marie est d'une telle grandeur que l'on demeure muet d'admiration devant une femme tellement incomparable.

«La chair ne sert de rien» (Jn 6, 63)

Jésus Christ est venu pour transformer le monde, pour arracher les hommes à l'orbite de la chair et pour les placer sur l'orbite de l'esprit. Avec sa venue, tous les liens de consanguinité deviennent caduques devant les nouveaux horizons de l'esprit, selon lesquels Dieu est le Père de tous, et nous devenons tous frères les uns des autres (cf. Mt 23, 8).

Mais il y a plus: «Quiconque fait la volonté de mon Père, celui-là est mon frère, ma sœur et ma mère» (Mt 12, 50; cf. Lc 8, 21). Tout ce qui est humain est assumé, non supprimé, sublimé, non détruit. Telle est la révolution de l'Esprit.

Toute réalité humaine se meut dans des orbites closes; Jésus est justement venu ouvrir aux hommes des horizons illimités. Alors que le plus souvent la paternité, la maternité, la famille, l'amour humain se vivent dans des cercles réduits, Jésus Christ décide d'ouvrir ces réalités vers l'amour parfait, vers la paternité, vers la maternité, la fraternité universelles. Jésus Christ est venu pour implanter la dimension et la loi de l'Esprit.

Jésus vit lui-même ces principes jusqu'à leurs dernières conséquences. À l'heure indiquée par le Père, il sort de la sphère familiale de Nazareth. Sa tendance constante est de s'éloigner de tout ce que nous appellerions le «clan», la famille, la province. Il part et œuvre d'abord en Galilée, puis en Samarie, plus tard en Judée, donc toujours plus loin.

L'intuition et l'expérience l'ont amené à cette conclusion: là où existent des relations de parenté ou de voisinage avec un prophète, les gens le regardent toujours avec les *yeux de la chair*. On s'approche de lui par curiosité, mais non avec foi. Ainsi, tout le fruit de la semence se perd parce qu'un «prophète n'est méprisé que dans son pays, parmi ses parents et ceux de sa maison» (cf. Mt 13, 57; Mc 6, 5). En réalité, «la chair ne sert de rien» (Jn 6, 63).

Selon les évangiles, Jésus n'a connu que désillusion amère en son propre village et parmi ses parents. Les paroles de Marc sont surprenantes: «Et il s'étonna de leur incrédulité» (de ses parents et concitoyens) (Mc 6, 6). «Et il ne put faire de miracles en cet endroit» (Mt 13, 58).

* * *

Le message évangélique avance invariablement dans une seule direction, arrachant l'homme à ses limites pour le pousser vers des cimes toujours plus hautes.

«Si vous saluez seulement vos frères, que faites-vous d'extraordinaire? Les païens n'en font-ils pas autant?» (Mt 5, 47). «Quiconque aura quitté maison ou frères ou sœurs ou père ou mère ou champ en mon nom» (cf. Mt 19, 29), celui-là fera l'expérience d'une vraie liberté et d'une véritable plénitude. «Ne croyez pas que je sois venu apporter la paix sur la terre... En fait, je suis venu séparer le fils du père, la fille de la mère, la belle-fille de la belle-mère...» «Qui aime son père ou sa mère plus que moi, n'est pas digne de moi» (Mt 10, 34-37).

Il faut donc renaître. Qui naît de la chair est chair; et dans son cycle biologique, il meurt et se désagrège.

Ce qui naît de l'esprit est immortel, comme Dieu lui-même (Jn 3, 1-10).

C'est dans cette perspective que se situe l'explication profonde de l'attitude de froideur que Jésus paraît avoir à l'égard de sa mère, attitude qui, par ailleurs, possède un caractère nettement pédagogique.

Une nouvelle gestation

Après sa résurrection, Jésus établit le règne de l'Esprit: l'Église. Celle-ci n'est pas d'abord une institution humaine, mais une communauté d'hommes qui sont nés, non du désir de la chair ou du sang, mais de Dieu même (Jn 1, 13). C'est un peuple de fils de Dieu, nés de l'Esprit.

À la Pentecôte se réalise donc une nouvelle naissance. Pour la seconde fois, Jésus va naître, mais cette fois, non selon la chair comme à Bethléem, mais selon l'Esprit. Il n'y a pas de naissance sans mère. Si la naissance est spirituelle, la mère devra être spirituelle. La mère est une douce réalité, humainement. Cette douce réalité devra mourir en une évolution transformante, car pour toute naissance, il y a une mort.

Marie doit donc passer par un «exode» purificateur. D'une certaine manière, elle doit oublier qu'elle est mère selon la chair. Son comportement, mieux encore, la relation mutuelle entre Marie et Jésus, entre la Mère et son Fils, doit se dérouler comme s'ils étaient étrangers l'un à l'autre.

En un mot, Marie doit aussi sortir de l'orbite maternelle, fermée sur elle-même — sphère de la chair — et doit entrer dans la sphère de la foi. Et cela, parce que le Christ a besoin d'une mère selon l'Esprit, pour sa deuxième naissance à la Pentecôte. L'Église est le prolongement vivant de Jésus Christ, projeté et répandu tout au long de l'histoire.

Voilà pourquoi Jésus adopte une pédagogie spéciale et soumet sa Mère à un processus de transformation. Et toute transformation est douloureuse.

Depuis l'époque de sa pré-adolescence — il était encore un enfant — Jésus Christ, Fils de Dieu et Fils de Marie, entre résolument dans la région froide de la solitude humaine. C'est l'épisode de la fugue au Temple. Jésus se déprend de sa Mère, comme une grosse branche se disloque de l'arbre. Il se déclare exclusivement Fils de Dieu et montre qu'il ne tient pas compte de la préoccupation maternelle. Il signifie indirectement que désormais les liens de la chair n'ont plus de valeur. Coup inattendu qui déconcerte Marie, profondément et douloureusement. Elle garde le silence, toute pensive (cf. Lc 2, 46-51).

Ici s'effrite la douceur maternelle, et Jésus déclare, en d'autres mots, que seul Dieu importe, que seul Dieu vaut tout, que seul Dieu est douceur et tendresse. Il proclame, en cette heure décisive, dès ce moment et pour toujours, l'indiscutable suprématie et exclusivité de Dieu, Père et Seigneur, au-dessus de toutes les réalités humaines et terrestres. Jésus entreprend ainsi la voie âpre et solitaire des grands prophètes: Dieu seul.

* * *

Par la suite et à plusieurs reprises, Jésus montre qu'il ne veut plus d'affections et de soins maternels (cf. 3, 20-35). Si Marie désire continuer à vivre en communion avec Jésus de Nazareth, elle ne pourra plus le faire en sa qualité de mère humaine, mais devra réaliser une nouvelle relation spirituelle de foi et d'esprit. La prophétie du «glaive» ne se référait-elle pas à cet aspect?

Ainsi, à travers différents moments qui sont sans doute autant de blessures psychologiques, Jésus conduit Marie à un exode douloureux et déconcertant, qui opère en elle une profonde transformation. Et cela jusqu'au jour de la Pentecôte où, à l'étage supérieur de la maison de Jérusalem (Ac 1, 13), la Mère préside le groupe des Douze qui attendaient la venue de l'Esprit. C'est vraiment l'Esprit — *avec* Marie et *en* Marie — qui engendre Jésus Christ pour la deuxième fois. L'Église de Dieu naît, et elle naît de la Vierge Marie par l'action de l'Esprit Saint.

Marie complète ainsi son itinéraire pascal. Elle réalise la nouvelle gestation spirituelle et maintenant, de nouveau, elle est *la mère,* Mère dans la foi et dans l'Esprit, Mère Universelle, Mère de l'Église, Mère de l'humanité et de l'histoire.

Aucun conflit, mais une pédagogie

Les relations entre Marie et Jésus ne se déroulent pas selon le mode normal de celles de toute mère avec son fils. Dans le cas présent, c'est l'enfant, et non la Mère, qui prend l'initiative et détermine le genre des relations entre eux, et cela presque dès le commencement. Dans son récit de l'enfance, en cinq occasions différentes, Matthieu utilise l'expression significative, «l'Enfant et sa Mère». Ce n'est pas un ordre normal. Mais les évangiles prennent soin de nous transmettre, non ce qui est normal entre une mère et son fils, mais ce qu'il y a d'extraordinaire, et même d'étrange entre Marie et Jésus. La maternité de Marie n'est pas une réalité joyeuse, exempte de conflits. Marie est la «Mère douloureuse», dès le jour de l'annonciation, et non seulement au pied de la croix.

La distance que nous percevons entre Jésus et Marie est une distance non pas psychologique, mais d'un autre genre et très mystérieuse. La Mère ne comprend pas certaines expressions de Jésus ou au sujet de Jésus. D'autres lui semblent très étranges. Ce «glaive» a dû demeurer suspendu sur elle, comme une énigme menaçante. Elle a dû fuir à l'étranger, puis, plus tard, l'enfant s'est perdu volontairement, il a échappé à sa tutelle. Un beau jour, le fils adulte s'éloigne définitivement. Un autre jour, ce fils disparaît, enseveli dans le désastre du Calvaire.

Tout cet enchaînement d'événements jalonne en un crescendo cet exode pascal de la Mère, comme un processus de purification, pour en arriver à la maternité universelle de l'esprit.

* * *

En ce singulier processus pédagogique, retenons l'événement à Cana de Galilée, dont le relief est particulièrement prononcé. Dans les milieux juifs, une noce est la fête-sommet de leur vie familiale. Dans le cas présent, Jésus est présent avec ses disciples, ainsi que Marie. Il s'agit probablement de proches parents.

Marie observe avec une particulière attention tous les détails, pour que la fête se déroule en beauté. La célébration durait depuis plusieurs jours. À un certain moment, Marie s'aperçoit que le vin vient à manquer. Elle veut résoudre le problème d'elle-même, délicatement, sans que personne ne s'en rende compte. Elle prend le chemin le plus court, le plus direct, et, s'approchant de Jésus, lui signale ce qui est en train d'arriver. Dans l'information il y a, latente et humble, une prière: «De grâce, viens-leur en aide.»

La réponse de Jésus est étrange et distante. Marie s'est approchée avec la certitude de se trouver en communion humaine avec lui et de pouvoir obtenir audience auprès de lui: c'est la prière d'une maman. Le Christ élève la muraille de la distance, de la séparation, en s'adressant froidement en ces termes: «Femme, que me veux-tu?» (Jn 2, 4). Il n'y a rien de commun, entre eux, ils sont comme des étrangers.

Même si l'on mitige l'âpreté de la réponse, on ne peut éluder la dureté de ces paroles. Cependant, si l'épisode n'avait pas été peu édifiant, jamais l'évangéliste ne l'aurait consigné. Il y a donc ici un grand enseignement, occulté par le fracas de cette scène. Si nous gardons présent à la pensée le fait qu'à la fin Jésus accède à la requête de Marie, et qu'il lui demande de prendre patience parce que son heure n'est pas encore arrivée, l'épisode pourrait avoir en son ensemble plus de solennité que de froideur, comme l'affirme Lagrange.

Ainsi les paroles du verset 4, (Jn 2, 4), selon les meilleurs auteurs, sont dans la même ligne de signification que celle que nous venons de développer ici: «Chère mère, la volonté de la 'chair' ne peut déterminer *mon heure,* seule peut le faire la volonté de mon Père.» Nous entrons dans l'ère de la foi et de l'esprit. Gechter dit:

> «Il est quasi impossible d'affirmer que 'femme' remplace 'mère'. Plutôt il déplace l'expression. Jésus proposa consciemment que les relations naturellles qui le liaient à sa mère sont révolues.
>
> Jésus veut dire avant tout: 'Toi, comme mère terrestre, tu n'entres plus en scène; tu n'as aucune influence sur moi et sur mon agir[1].'»

Les trois synoptiques consignent un autre fait comme une nouvelle blessure psychologique. C'est la mère qui va trouver son fils, sûrement pour en prendre soin, parce qu'il n'avait plus même le temps de manger (cf. Mc 3, 20). C'est à Capharnaüm. Selon Marc, Jésus se trouve à l'intérieur d'une maison pour enseigner, et la maison est pleine de gens, tellement que la Mère, avec ses familiers, ne peut l'approcher. Marie lui envoie un message, on le passe à Jésus: «Maître, ta mère est ici, elle voudrait te parler.»

Et Jésus, dépassant de nouveau le plan humain et élevant la voix de façon que la Mère l'entende parfaitement, demande: «Ma mère? Mes frères?» Et étendant son regard sur ceux qui l'entourent, il affirme: «Ceux-ci sont ma mère et mes frères. Et non seulement ceux-ci. Quiconque fait la volonté de mon Père est mon frère et ma mère» (cf. Mt 46, 5; Lc 8, 19-21; Mc 3, 31-35).

Conflit? Non! Mésestime de sa mère? Non! C'est un nouveau chapitre dans l'exode purificateur vers une maternité universelle. Marie a conçu Jésus dans un acte de foi. Sa vie entière, comme nous l'avons vu, a été de faire la volonté du Père, avec une perfection unique,

---

[1] Paul Gechter, *ibid.,* p. 284.

répétant sans cesse son *Qu'il me soit fait*. Elle est donc doublement mère de Jésus.

Dans une autre occasion, — Marie est-elle présente on ne sait — Jésus se tait quand une femme élève la voix et très spontanément s'écrie: «Qu'elle doit être heureuse, celle qui t'a enfanté et t'a allaité!» Et Jésus, prenant son envol une fois de plus au-delà des réalités humaines, réplique: «Beaucoup plus heureux ceux qui écoutent la parole et en vivent!» (Lc 11, 27). Que dit Luc ailleurs? En deux autres occasions (cf. Lc 2, 19; 2, 51), l'évangéliste affirme que Marie gardait la Parole et en vivait. Marie est donc doublement bienheureuse: elle est Mère et elle vit de la Parole. Elle parcourt cette voie aride et douloureuse, revêtue de dignité et de silence. Elle est simplement magnifique. Jamais une réclamation, une protestation. Dans un chapitre précédent, nous avons analysé sa ligne de conduite. Quand elle ne comprend pas certaines paroles, elle les garde dans son cœur et les analyse sereinement. Aux scènes crucifiantes, elle réagit avec douceur et en silence. Jamais elle ne s'écroule. En tout cet exode, elle maintient la stature et l'élégance de ces chênes qui, plus ils sont battus par le vent, plus ils s'affirment et se fortifient. Elle comprend progressivement que la maternité dans l'Esprit est beaucoup plus importante que la maternité selon la chair.

En ce sens et par ce chemin, on comprend aussi la profonde parenté qui s'établit entre la maternité virginale et la virginité féconde. Ceux qui prennent au sérieux la volonté du Père déploient tous les prismes de la consanguinité, dit Jésus: ils sont en même temps mère, épouse, frère...

Marie, en vivant dans l'Esprit et la foi et non selon la chair, s'est acquis les droits de la maternité universelle sur tous les fils de l'Église qui naissent de l'Esprit. La virginité est une maternité selon l'Esprit, et dans la sphère de l'Esprit elle déploie sa fécondité. Alors que la fécondité de la maternité humaine se restreint à quelques limites, celle de la maternité virginale s'ouvre sur l'universalité sans limites. Voilà pourquoi Marie est la figure de l'Église, qui, elle aussi, est une vierge féconde.

Chapitre 12

NOTRE MÈRE

Au pied de la croix

Revenons à cet événement qui se lit comme suit: «Et debout, au pied de la croix, se tenait la mère de Jésus» (Jn 19, 25).

La personnalité de Marie impressionne par son humilité et son courage. Tout au long de sa vie, elle a cherché à rester au second plan. Quand arrive l'heure de l'humiliation, elle s'avance et se place au premier plan, digne et silencieuse. Marc nous raconte que sur le Calvaire il y avait un groupe de femmes «qui regardaient de loin» (Mc 15, 40). Mais Jean nous signale que la Mère de Jésus est là, debout, au pied de la croix.

Les Romains, exécuteurs de la sentence et gardiens de l'ordre, maintenaient normalement les groupes éloignés, à une distance prudente des crucifiés. Mais, dans certaines circonstances, ils permettaient, par exception, que l'on s'approchât des justiciés, surtout s'il s'agissait de très proches parents. Nous nous trouvons donc auprès de Marie, à un moment solennel de sa vie et de celle de l'Église.

* * *

La scène que rapporte Jean (19, 25-28) — «Voici ton fils, voici ta mère» — donne l'impression, à première vue, que Jésus confie Marie aux soins de Jean. Jésus disparaissant, la Mère demeure seule au monde, sans époux ni enfants qui puissent l'accueillir et prendre soin d'elle. Elle demeure seule, et pour les Juifs, c'est un signe de malédiction qu'une femme reste solitaire dans la vie. C'est pour cela que Jésus moribond a un geste de délicatesse en se préoccupant de l'avenir de sa mère. Ceci est une première impression.

Mais dans cette scène, en raison de certaines circonstances, la demande de Jésus à Jean en faveur de sa mère prend une extension plus vaste et un sens plus profond qu'un simple devoir familial.

Puisque c'est ici que naît la maternité spirituelle de Marie, nous avons besoin d'analyser attentivement ce contexte de circonstances qui fait passer une mission d'ordre simplement familial, à une dimension messianique.

Contexte messianique

L'épisode que nous allons analyser est au centre d'un ensemble de récits qui ont tous une dimension messianique, c'est-à-dire qu'ils transcendent le simple récit de l'événement. Jean est présent à cette scène du Calvaire. Il dispose donc pour la raconter d'un matériel abondant, différent des récits synoptiques. Or Jean ne choisit que des faits qui ont ou se prêtent à avoir un sens messianique. Voici donc ces faits.

Les Sanhédrites se présentent à la forteresse Antonia devant le gouverneur romain. Ils lui manifestent leur mécontentement au sujet de l'écriteau fixé sur la croix portant «Jésus de Nazareth, roi des Juifs», ils exigent qu'il soit rectifié. Le Romain trouve leur prétention ridicule et maintient sa décision de façon tranchante. Tout de suite après, de nouveau sur le Calvaire, nous assistons, jusque dans de minutieux détails, au tirage au sort de la tunique, un fait dans lequel Jean voit l'accomplissement de l'Écriture.

Ensuite, «pour que s'accomplisse encore l'Écriture», Jésus dit qu'il a soif. La soif de Jésus est certes d'ordre physiologique. C'est un phénomène naturel pour celui qui a perdu tant de sang; en fait, ce n'est pas de l'eau qu'il lui faut, mais une transfusion de sang. Ces scènes que Jean choisit, ne se terminent pas là où s'achève le phénomène, mais elles commencent là où il finit. Les gardiens offrent à Jésus un narcotique dans un but humanitaire, celui d'anesthésier les souffrances. Et le dernier épisode relaté est celui de la brisure des jambes des crucifiés, et le coup de lance du soldat. Encore une fois «pour que s'accomplissent les Écritures».

Jean nous offre donc une série d'épisodes qu'il sait significatifs, bien que sans logique interne. Le texte de Jean dépasse le simple récit. Jean veut montrer que dans les événements de la croix s'accomplissait l'Écriture. C'est pourquoi il ne cherche pas, en premier lieu, à informer dans un récit cohérent et ordonné. Or, au milieu de ces cinq récits, l'évangéliste place l'épisode de Jean et de Marie.

Plus qu'une disposition familiale

Selon une interprétation très générale, Jésus aurait agit dans la présente scène comme un fils unique préoccupé du désarroi dans lequel se trouve sa mère. En cet ultime moment, il prend des dispositions pour assurer l'avenir de la mère esseulée.

Mais apparaissent clairement dans l'intention de Jésus des finalités et des perspectives plus profondes.

* * *

Dans son geste, Jésus établit un double courant: l'un descendant, de Marie à Jean: «Voici ton fils», et l'autre ascendant, de Jean à Marie: «Voici ta mère.» S'il s'était agi d'une simple disposition familiale, nous serions devant un redoublement inutile, tant au point de vue grammatical que psychologique.

Si Jésus, en effet, s'était préoccupé uniquement d'une mesure testamentaire pour les dernières années de sa mère, il aurait été suffisant d'établir un seul courant de Jean à l'égard de Marie: «Jean, prends soin de ma mère jusqu'à la fin de sa vie.» C'était suffisant. Le reste est de trop. Le courant de Marie à l'égard de Jean est superflu.

Par ce parallélisme des expressions — «voici ton fils, voici ta mère» — comprises au seul point de vue humain, Jésus aurait manqué de délicatesse à l'endroit de sa mère. En effet, il aurait été normal que Jésus ait insisté: «Jean, aie soin d'elle, traite-la mieux que je ne l'ai fait.» Mais charger sa mère — et quelle mère! — de prendre soin de Jean, n'est pas seulement superflu, mais très peu délicat. Gechter l'explique très bien:

> «Avertir expressément Marie qu'elle devait apprécier Jean, s'occuper de lui avec un cœur de mère, n'était pas nécessaire, même peu délicat.
>
> Toute femme de sensibilité normale le comprendrait ainsi, et il n'était pas nécessaire qu'on le lui dise, et encore moins que ce fût dit par un fils moribond[1].»

* * *

Dans la Palestine de ce temps-là, comme aussi aujourd'hui du reste, une coutume familiale quasi sacrée voulait que lorsqu'une femme restait seule, veuve ou sans enfants, on l'accueille au sein de sa propre famille, au sens large de parenté, de clan.

Puisque Marie n'avait plus d'époux ni son fils unique Jésus, il eût été correct que Jésus la confiât aux soins de la famille des Zébédées, en tenant compte que les Juifs étaient très sensibles aux droits dérivés de l'ancienneté. Dans le cadre des coutumes de ce temps-là, la mission que Jésus confiait à Jean aurait dû étonner beaucoup de gens, s'il n'y avait eu, très visible, un autre sens. Puisque tous ceux qui étaient près de la croix n'ont pas été étonnés par la décision de Jésus, ceci indique qu'ils ont perçu dans la disposition testamentaire autre chose qu'une simple formalité juridique traditionnelle.

Soit dit en passant, nous nous trouvons ici face à un argument irréfutable, mais indirect, de la virginité perpétuelle de Marie.

Si Marie avait eu d'autres enfants, il eût été absurde juridiquement et affectivement de confier Marie aux

---

[1] Gechter, *ibid.*, p. 349.

soins d'un étranger, en établissant par surcroît des relations materno-filiales.

C'est un fait incontestable qui n'a pas besoin d'être développé davantage.

* * *

S'il est si important pour Jésus de confier à Jean le soin temporel de Marie, comment s'expliquer le fait que la première personne à être interpelée soit Marie? Si la mission et la responsabilité retombe sur Jean, c'est lui qui aurait dû être interpelé le premier.

Jésus établit d'abord la relation la plus importante, la relation descendante, recommandant à Marie de prendre soin de Jean comme de son fils. Il découle clairement qu'il ne s'agit pas ici d'abord de soins humains — que Marie prenne soin de Jean n'avait pas de sens — mais d'une autre relation d'ordre transcendantal.

> «On doit admettre que, dans les nouvelles relations mère-fils, le rôle principal revient à Marie et non à Jean; et que la relation, qui sera celle de Jean dans l'avenir, avait son point de départ en elle, comme il arrive à toute mère par rapport à son fils[2].»

Par hypothèse, supposons que Jésus veut manifester une délicatesse spéciale envers sa Mère, lui adressant quelques paroles de consolation. Si telle est sa seule intention, pourquoi adresse-t-il des paroles parallèles et identiques à Jean? Il paraît étrange qu'avec les mêmes paroles, il prétende consoler Jean, tout privilégié qu'il soit, et sa propre mère.

---

[2] P. Gechter, *ibid.*, p. 251.

Finalement, Marie est confiée à Jean, et Jean est confié à Marie. En d'autres mots, comme Jean devra prendre soin de Marie, de la même manière Marie devra le faire pour Jean. Or, chose étrange, la mère de Jean, Marie Salomé est aussi présente. Ne serait-ce pas une offense directe pour elle? Le contexte de cette scène indique donc que le parallélisme des paroles renferme une profondeur beaucoup plus riche que leur sens direct ne semble l'indiquer.

Nous avons une mère

De cette série de précisions, nous en pouvons déduire que Jésus, en cette scène, confie une Mère à l'humanité.

Le terme *messianique* signifie qu'une situation ou quelques paroles ne se terminent pas sur elles-mêmes, qu'elles n'épuisent pas leur sens évident, naturel ou littéral, mais qu'elles renferment un sens transcendant, et, de plus, expriment une relation avec toute l'humanité: transcendance et universalité.

* * *

Ce que Jésus appelle son «heure» est le moment culminant de sa fonction messianique. Il lui incombe d'être à la hauteur de son destin et de la solennité du moment. Pour cela, bien que le Seigneur Jésus se trouve dans une situation physique désespérante, il maintient sa décision inébranlable d'accomplir la volonté du Père. Il tient à terminer sa tâche pour que rien ne demeure sans «accomplissement».

Or, après avoir établi la relation Marie-Jean, l'évangéliste ajoute: «sachant que tout était désormais accompli» (Jn 19, 28), ce qui indique clairement, aux yeux de l'évangéliste, que Jésus a conscience d'avoir mis là le point final à sa tâche messianique.

D'où l'on conclut que la disposition prise par Jésus (Jn 19, 25-28) a une portée messianique: pour achever sa mission, Jésus confie en la personne de Jean toute l'humanité à Marie, qui en devient la Mère, comme il fait don de sa Mère à l'humanité. Tel est son dernier geste messianique, ayant conscience que désormais tout est vraiment achevé.

* * *

Comment expliquer la portée de ce magnifique cadeau de la dernière heure que Jésus offre à l'humanité?

Disons, en premier lieu, que la scène et les paroles — «Voici ton fils, voici ta mère» — sont un peu comme des signes sacramentaux. Ils signifient quelque chose et le produisent, réalisant cela même qu'ils signifient.

À cette fin, Jésus établit un lien à la fois concret, sensible et juridique: Jean considérera Marie comme mère et lui donnera ce qu'un bon fils adulte donne à sa mère, soins et affection. Et Marie, de son côté, considérera Jean comme son fils, et lui donnera ce qu'une bonne maman donne toujours à son fils: attention et amour.

Mais ce n'est pas tout. Au contraire, tout commence ici. Ce «geste» sensible contient une intention latente et sensible, celle de dévoiler le sens efficace dans une perspective indéfinie, dans le temps comme dans l'universalité.

En la personne de Jean, le Seigneur donne Marie comme mère de tous, en un sens messianique, universel. Et, réciproquement, Jésus Christ fait de tous les rachetés des fils de Marie.

* * *

L'intention primordiale de Jésus n'est pas d'établir un contrat civil entre Marie et Jean, mais bien plutôt d'établir entre eux un lien de mère à fils et vice versa. Ainsi il veut dépasser le cadre familial et établir des relations vitales et affectives entre Marie et tous ceux qui seront rachetés par sa mort. Gechter l'exprime ainsi:

> «Étant donné que la Mère est une et que les fils sont nombreux, il est suffisamment clair que dans la personne de Jean étaient représentés tous ceux que Jésus voulait racheter, ou tous ceux qui, sur le modèle de Jean, croiront en lui.»

Dès maintenant et pour toujours, tous les rachetés ont une Mère, la propre mère de Jésus, grâce à la volonté expresse et dernière du Seigneur. Personne dans le monde, et pour les siècles, ne pourra se plaindre d'être orphelin et seul au long de sa vie. Cette interprétation épuise de manière satisfaisante le sens total du texte et du contexte de Jean (19, 25-28).

* * *

Ainsi nous comprenons que, pour cette fonction signifiante, Jésus ait choisi le disciple le plus sensible:

Jean représentera ou symbolisera justement l'intercommunication affectueuse entre la Mère et le fils. Nous comprenons pourquoi Jésus confie sa Mère aux soins du plus jeune des Zébédées et non pas à l'aîné, contre toute coutume, précisément en raison de son caractère affectueux.

Ceci indique que Jésus veut fonder une relation basée sur un amour réciproque. Telle elle existe entre Jean et Marie, telle elle doit exister entre les croyants et Marie.

Nous comprenons mieux maintenant pourquoi le Seigneur ne confie pas sa Mère aux soins de son clan ou de sa famille, ou à ceux de Salomé ou d'un autre groupe de femmes qui l'auraient accueillie avec vénération et affection, mais, contre toute attente, qu'il la confie aux soins de Jean.

Nous comprenons aussi un autre détail. S'occuper de ses parents est un devoir primordial du décalogue. Pourquoi le Christ attend-il sa dernière heure pour se préoccuper du sort futur de sa Mère? Le Christ savait que les crucifiés pouvaient à peine parler. Pourquoi ne pas avoir fait plus tôt ce qu'il désirait pour sa mère?

Il est évident que le Christ avait une intention bien arrêtée: celle de remplir ses devoirs de fils envers sa mère au moment où il instaurait une nouvelle situation ecclésiale. Comme le dit Gechter, Jésus veut certainement inclure son devoir filial à l'intérieur de sa tâche messianique. Il le fait en donnant à ce devoir l'expression symbolique d'un contenu messianique. Ainsi pouvons-nous justifier pourquoi Jésus diffère le souci qu'il nourrissait pour sa mère jusqu'au moment où il peut à peine parler. Et ceci doit s'entendre au pied de la lettre, car, immédiatement après, «sachant que tout était accompli», il incline la tête et meurt.

C'est sa dernière volonté, son cadeau le plus cher, le meilleur, tout à la fin de sa vie. Plus tard il confiera l'Église à sa Mère pour qu'elle lui prodigue un soin maternel et la conduise sur le chemin du salut.

«Femme»

Contre toute attente, Jésus rompt, non sans intention, le parallélisme dans la formulation de son testament spirituel. Au terme de «fils» correspond celui de «mère». Le Christ aurait pu s'adresser à Marie en lui disant «Mère», d'une part parce qu'il s'agit de sa mère, mais aussi pour respecter la relation logique fils-mère.

Au mot araméen *Imma*, qui a un sens très intime, équivalant à notre *Maman*, Jésus substitue le terme *Femme*, en un contexte où logiquement on attendrait celui de *Mère*. Évidemment cette substitution est préméditée. Quelle en est la raison?

Un groupe d'interprètes bibliques pensent qu'en procédant ainsi, Jésus fait preuve d'une délicatesse unique à l'égard de sa mère. Être la mère d'un crucifié n'est jamais un titre glorieux, bien au contraire. En ces circonstances, souligner l'identité de sa mère eût été un procédé quelque peu malheureux. En l'appelant *Femme*, Jésus désorientait l'attention des sanhédrites, des exécuteurs et des curieux, concernant ses amis et ses familiers; de cette façon, personne ne pouvait identifier la mère du crucifié.

Mais il y a plus que cela. L'expression est choisie de façon préméditée, dans un moment et un enjeu des plus solennels.

Dans le contexte messianique de ce qui se passe au Calvaire, le terme *femme* enlève à Marie une fonction maternelle limitée, pour l'ouvrir à un destin maternel sans frontières. Il la fait passer d'une maternité selon la chair — exclusive et fermée — à une autre maternité dans la foi, universelle et messianique. Jésus fait abstraction de sa condition de fils, comme il l'a fait en d'autres moments de sa vie.

Avec une grande noblesse et non sans affection, Jésus appelle *femme* la Samaritaine (Jn 4, 21), Marie, celle de Magdala (Jn 20, 15), la Cananéenne (Mt 15, 28), et bien d'autres. Mais que Jésus appelle «femme» la Samaritaine ou la Cananéenne, ce n'est pas la même chose que de le faire avec sa mère. C'est pourquoi cette appellation a une portée différente et messianique.

Le mot *femme*, ici, assume une valeur évocatrice, peut-être pas très claire, dans laquelle s'entremêlent des scènes, des personnes et des situations de l'histoire du salut. Dans l'esprit de l'évangéliste, semble-t-il, est présente Ève, «la mère des vivants», présente aussi cette autre «femme» (Gn 3, 15) qui, dans sa descendance, démasquera les mensonges de l'ennemi, présente la «femme enceinte» de l'Apocalypse, dont le fils tuera le dragon; présente la Fille de Sion, figure et peuple constitué de tous les réchappés de la captivité; présente enfin cette autre «Femme» de l'avenir, l'Église, qui, comme Marie, est Vierge et Mère.

La *femme* du Calvaire assume, résume et exprime toutes ces figures. Elle est la vraie «Mère des vivants», la terre où germe «le premier-né entre beaucoup de frères» (Rm 8, 21). Source inépuisable de qui naît le peuple des rachetés. Tout est résumé, ici et maintenant, dans le fait que Marie reçoit des fils qu'elle n'a pas accouchés, et le Christ lui donne comme fils tous ses disciples dans la personne de Jean.

Un expatrié

Des milliers de fois on s'est posé la même question: «Qu'est-ce que l'homme?» question de spéculation philosophique un peu oiseuse ici. Il y en aurait une autre plus concrète à poser: «qu'est-ce qu'on expérimente à se sentir homme?»

La réponse exacte serait celle-ci: l'homme est un expatrié.

* * *

Un dauphin, un serpent ou un condor sont en «harmonie» avec toute la nature, grâce à un ensemble d'énergies instinctives, connexes à la vie. Les animaux vivent aisément immergés «dans» la nature comme dans un foyer, en une profonde «unité vitale» avec tous les êtres. Ils se sentent pleinement réalisés, bien qu'ils n'en aient pas conscience. Jamais ils ne ressentent d'insatisfaction. Ils ne savent rien de la frustration, ni de l'ennui.

L'homme «*est*», expérimentalement, conscience de soi-même.

En prenant conscience de lui-même, il commence à se sentir solitaire, comme expulsé de sa famille dans l'unité originelle avec la vie. Même s'il fait partie de la création, l'homme, en fait, y participe, à côté des autres êtres, mais n'est pas «avec» eux.

Il se sent au-dessus d'elle, supérieur, et par conséquent, en un certain sens, ennemi des créatures, parce qu'il les domine et les utilise. Il se sent seigneur, mais un seigneur exilé, sans foyer ni patrie.

En prenant conscience de lui-même, l'homme se rend compte de ses propres limites, de ses impuissances et de ses possibilités. Cette conscience perturbe sa paix intérieure, cette harmonie où les autres êtres vivent au bas de l'échelle. De là naît une certaine angoisse, faite de frustrations. Ces frustrations le conduisent à la conquête de nouvelles routes et à l'assaut de nouvelles frontières.

La raison, dit Fromm, est, pour l'homme, en même temps sa bénédiction et sa malédiction.

* * *

Sur le terrain moral et spirituel, l'homme se sent plus impuissant que sur n'importe quel autre terrain. De cette sensation de solitude et d'exil, «l'égoïsme» est né et a grandi comme un arbre touffu aux mille grosses branches, qui sont ses innombrables moyens de défense. L'égoïsme a transformé l'homme en un être plus solitaire et plus triste.

Un réseau terriblement complexe d'éléments biochimiques et endocriniens conditionne parfois sa liberté et sa spontanéité, de telle façon que, bien des fois, «il fait ce qu'il ne veut pas faire, et, ce qu'il voudrait faire, il ne peut pas le faire (cf. Rm 7, 14-25). C'est ainsi qu'il devient prisonnier.

L'égoïsme, ou plutôt l'égocentrisme, est à son origine une arme défensive. Grâce à lui l'homme s'enferme en un château solitaire, muni de murailles, de tours et de créneaux. Mais de la défensive, on passe rapidement à l'offensive, à la conquête et à la domination.

Le destin définitif de l'homme, dans le devenir de la grande histoire, est de vaincre son égoïsme, mieux, de libérer ses grandes énergies qui l'emprisonnent en lui-même et de les projeter au service des autres, au moyen de la bonté et de l'amour.

C'est un prisonnier, un expatrié et un solitaire. Il a donc grand besoin d'un Rédempteur, d'une patrie et d'une Mère.

Une consolation

Dans cette sensation d'exil et de solitude, nous avons besoin de sentir quelqu'un près de nous. Dans la Bible, notre Dieu se présente toujours comme une personne, aimante et aimée, qui est *avec* nous, surtout durant nos moments de désolation. La mélodie qui traverse la Bible, de la première page à la dernière, est celle-ci: «N'aie pas peur, je suis avec toi.»

Cette mélodie monte d'un ton chez les prophètes, et la voix de Dieu se transforme en eux en un souffle immense avec des phrases comme celles-ci:

«Ne me regarde pas avec méfiance, car je suis ton Dieu. Je te protège avec ma droite victorieuse. Je te prends par la main et je te dis: 'Ne crains pas.' Si tu traverses un fleuve, le courant ne t'emportera pas. Si tu traverses des flammes, tu ne te brûleras pas. Ne regarde pas en arrière, mais vers l'avenir, parce qu'il y aura des prodiges; des fleuves surgiront des montagnes arides, des sources dans les déserts, et des printemps dans les steppes. Tout cela, et beaucoup plus, arrivera pour que tous sachent et comprennent qui est le Saint d'Israël, l'auteur de ces merveilles» (Cf. Isaïe 41, 43).

* * *

La puissance de Dieu se transforme souvent en tendresse du Père. «J'ai pris soin de toi, même quand tu étais dans le sein de ta mère. Je t'ai aimé d'un amour éternel. Israël, tu étais encore un enfant, je t'ai pris dans mes bras, je te donnais à manger, je t'approchais avec amour de ma joue» (Cf. Jr 31; Os 11).

Jésus souligne encore davantage la préoccupation et la tendresse de Dieu-Père. Il nous déclare que *Père* est le nouveau nom de Dieu. Et avec grande émotion, il nous dit que notre première obligation n'est pas d'aimer Dieu, mais de nous laisser aimer par Lui.

Et en une symphonie de comparaisons, de métaphores et de paraboles, il nous dit des choses immensément consolantes: parfois le Père prend la forme d'un pasteur qui monte sur les montagnes, qui grimpe sur les rochers pour retrouver un fils perdu et chéri; quand le fils retourne à la maison, le Père organise une grande fête. Le Père ne perd pas l'espoir de voir revenir son fils ingrat et fou, qui avait fui le toit paternel. Sa miséricorde est beaucoup plus grande que nos péchés, et son affection, que notre solitude. Le Père prend la peine de revêtir les fleurs et de nourrir les moineaux; combien plus se préoccupe-t-il de nous.

* * *

Mais cela ne suffit pas d'avoir un Père. Dans la vie, en toute vie, il y a un père et une mère. Mieux, une mère et un père. La psychiatrie nous parle de l'influence décisive de la mère sur nous, avant et après la naissance, et aussi des dangers de cette influence, par les fixations et les dépendances. Tous nous conservons, particulièrement des années déjà lointaines de l'enfance, le souvenir de cette mère qui a été pour nous un stimulant et une consolation.

C'est pourquoi Jésus Christ nous fait cadeau d'une mère.

Comme nous venons de le voir, Jésus Christ confie sa Mère à l'humanité pour que l'humanité en ait soin avec joie et vénération, et il confie l'humanité à sa Mère pour qu'elle s'en occupe et la transforme en un royaume d'amour.

Mais l'humanité n'existe pas dans le concret, ce sont les hommes qui existent, mieux encore, c'est chaque homme qui existe. C'est pourquoi Jésus, grand pédagogue, confie sa Mère à la personne concrète de Jean, comme représentant de l'humanité. Par cet acte symbolique, Jésus Christ veut signifier que, comme la relation de Marie et de Jean se déroulait dans une attention mutuelle, de la même façon devraient se dérouler les relations des rachetés avec la Mère.

* * *

Le peuple chrétien, au cours des siècles, a développé un sentiment filial à partir de situations-limites comme l'exil, la solitude. De là est née cette immense supplique qui s'appelle le *Salve Regina*. Durant plusieurs siècles, le «Salve» fut l'unique étoile du matin, l'unique phare d'espérance, et l'unique planche de salut pour des millions d'hommes, dans les naufrages, dans les agonies, dans les tentations, et dans la lutte pour la vie.

Y a-t-il danger de transformer la Mère en un «sein maternel» aliénant, dont parle la psychiatrie? Il est évident que pour la grande majorité des psychiatres pour qui seule existe la «matière», le «Salve» existentiel consiste dans l'acceptation de la solitude radicale de l'homme, dans l'éloignement le plus réel possible de toute «mère», et dans la capacité de rester debout par soi-même. C'est un beau programme.

Mais nous sommes ici dans le monde de la foi: rachetés par Jésus Christ, mort et ressuscité, soutenus par les bras forts et aimants du Père, nous sommes fortifiés par les soins d'une Mère consolatrice que Jésus nous a confiée à sa dernière heure. Les psychiatres sont dans une autre orbite, et jamais ils ne comprendront les choses de la foi. Pour eux tout est aliénation. Ce discours est dans leur logique.

* * *

Il arrive qu'une personne assaillie par la désolation ne sache pas de quoi il s'agit. Les confessions des hommes et des femmes qui nous approchent et nous ouvrent leur cœur sont simplement bouleversantes. Ils disent qu'ils ne savent pas ce qui leur arrive. Il s'agit, disent-ils, de quelque chose d'intérieur, de confus et de complexe, absolument inexplicable, qui leur cause une profonde tristesse, impossible à éliminer. Ils avouent qu'à ces moments-là, l'unique chose qui les soulage, c'est de recourir à la Mère en lui criant «Notre Vie, Notre Douceur et Notre Espérance, tourne vers nous ton regard miséricordieux».

Ces personnes disent toutes qu'il leur est impossible d'expliquer ce qui se passe. Un matin quelconque, au lever, et sans motif apparent, elles ressentent une impression vague et profonde de crainte. Elles se sentent pessimistes, comme rejetées par tout le monde. Les souvenirs négatifs envahissent leur imagination, et elles ne peuvent s'en débarrasser. Rare sensation de tristesse, de crainte et de trouble. Et, sans savoir pourquoi, tout à coup la pensée de la Mère, avec les paroles du «Salve», leur donne du courage, les soulage et leur permet de respirer à nouveau.

* * *

Au long de l'existence, nous avons assisté plusieurs personnes dans leur dernière agonie. Ces souvenirs reviennent à notre mémoire. Quand un agonisant, malgré les vaines paroles des parents, pressent qu'il s'en va, emporté par le courant inexorable de la mort, que de fois nous avons vu s'illuminer ce visage tout défait, à la récitation du «Salve Regina» avec toute la famille: «Enfants d'Ève, malheureux exilés, nous crions vers toi, vers toi nous soupirons, Mère de Miséricorde et Notre Douceur...»

Dans les pays de tradition catholique, impressionnante est la profondeur de la dévotion mariale auprès des habitants des zones maritimes, des matelots et des pêcheurs. En beaucoup d'endroits, quand les embarcations sortent en pleine mer, les pêcheurs le font toujours en chantant le «Salve Regina». Et dans les petits villages de pêcheurs, les habitants n'arrêtent pas de nous raconter des histoires de situations impossibles, dénouées par Marie, des embarcations entières sauvées par un «Salve...»

Mais nous ne sommes ni pêcheurs ni matelots, bien que nous naviguions sur la mer de la vie. La vie est indubitablement un combat, et souvent le combat se termine par un échec. Malheur à la victime de l'échec! Il demeurera seul, et de l'arbre tombé tous se feront du bois de chauffage. Qui de nous n'a pas goûté la consolation de la mère humaine dans l'échec? La mère est encouragement avant le combat et baume dans l'échec.

Nous avons vu des prisonniers stigmatisés par l'opinion publique, et abandonnés par leurs parents et amis, mais discrètement visités par une femme solitaire, leur propre mère. Une mère n'abandonne jamais, à moins qu'elle ne soit enlevée par la mort.

Nous avons besoin d'une autre Mère, de celle-là qui ne sera jamais atteinte par la mort. Chacun vit sa vie de façon singulière, et seul il connaît ses propres archives: il endure des difficultés, il entre dans la désolation, ses états d'âme montent et descendent, ses espérances meurent; soudain, des situations impossibles l'enserrent de toutes parts. Le jour suivant, renaît l'espérance; difficilement, tout semble devoir s'arranger... La lutte pour la vie!

Toujours et partout, Marie est consolation et paix. Elle transforme l'âpreté en douceur, et le combat en tendresse. Elle est douce et suave. Elle souffre avec ceux qui souffrent, elle reste avec ceux qui restent, elle part avec ceux qui partent. La Mère est patience et sécurité. Elle est notre joie, notre allégresse et notre repos. La Mère est une immense douceur et une force invincible.

Chapitre 13

ENTRE LE COMBAT ET L'ESPÉRANCE

Aliénation et réalité

Tout ce qui ne s'ouvre pas est égoïsme. La dévotion mariale qui se ferme sur elle-même est fausse et aliénante. Chercher en Marie exclusivement sécurité et consolation, sans rayonner vers la construction du Royaume de l'amour, non seulement est une subtile recherche de soi-même, mais aussi un danger pour le développement normal de la personnalité.

Il n'y a pas de doute qu'en beaucoup d'endroits, au cours des siècles, la dévotion à Marie a contribué à l'anémie de la vie chrétienne. Les médailles et les scapulaires ont été pour bien des gens comme des amulettes magiques au lieu d'être l'évocation de la puissance de notre Mère. Beaucoup cherchent des images et des cadres, un quelque chose que l'on puisse toucher et baiser, au lieu de chercher des signes qui éveillent la foi et mènent à l'amour.

Certes, il n'en est pas toujours ainsi. Nous ne pouvons pas non plus tomber dans la caricature et la généralisation. Souvent tout est mêlé: superstition, intérêt et vraie dévotion.

Les grandes multitudes visitent les sanctuaires mariaux avec un fond mêlé de bons sentiments et d'intérêts personnels. On veut obtenir quelque chose, ou remercier pour une faveur. Parfois nous avons l'impression d'assister à un véritable marchandage. C'est le cas de fidèles qui arrivent à coups de sacrifices émouvants, comme de longs voyages à pied, d'autres se traînent sur les genoux, allument des cierges; sous l'apparente dévotion se cache une bonne dose d'égoïsme: on agit comme disaient les Romains: «do ut des», «je te donne pour que tu me donnes». De là vient, en certains pays de l'Amérique du Sud, la coutume et l'expression de «payer un gage». Le verbe «payer» implique sûrement le concept d'achat et de vente.

Aujourd'hui, il s'agit de la santé de la maman; demain, de l'entrée du fils aîné à l'université; après-demain, de trouver un brave époux pour l'une des filles en mal de mariage; un autre jour, ce sera pour la solution d'un conflit matrimonial dans la famille ou le voisinage. Au fond, tous se cherchent eux-mêmes, ils ne cherchent pas à aimer. Très rarement les fidèles demandent des faveurs d'ordre spirituel, comme une foi plus grande, l'humilité, le courage dans l'épreuve, la charité…

Il est évident que tout ceci est une altération de la finalité pour laquelle Jésus nous a confié sa Mère. Au lieu d'être la Mère qui engendre Jésus Christ en nous, nous cherchons à la transformer en une spécialiste qui résout nos revers économiques, en un *médecin* qui soigne et guérit nos maladies incurables, en une magicienne qui prononce la formule magique pour résoudre tous nos problèmes.

D'autres personnes accourent aux sanctuaires à cause des miracles qui s'y opèrent. Elles le font avec un mélange de curiosité, de superstition et de fascination. Sans s'en rendre compte, on peut ainsi fomenter des instincts religieux au lieu de promouvoir la foi. Naturellement, le sentiment religieux est tout autre chose que la foi.

Le Concile Vatican II a montré sans ambages comment la question mariale est surchargée de tensions émotives. C'est un contresens incroyable que Marie soit ainsi devenue un centre de polémique, elle qui apparaît toujours dans l'évangile à un second plan, presque sans jamais ouvrir la bouche, pleine de calme. Prétendre rehausser la gloire de Marie en la présentant comme si elle jouissait de la vision béatifique durant sa vie c'est lui enlever le mérite et la condition d'une femme pèlerine dans la foi, et l'aliéner. Une mariologie excessivement déductive court le risque d'élever Marie à des hauteurs triomphalistes, vertigineuses, sous prétexte d'entourer Marie de prérogatives de plus en plus hautes. Il y en a qui la placent tellement haut et tellement loin qu'ils la transforment en une semi-déesse déshumanisée.

> «Cette créature 'bénie entre toutes les femmes', fut sur cette terre une humble femme impliquée dans des conditions de privation, de travail, d'oppression, d'incertitude du lendemain, qui sont celles d'un pays sous-développé.
>
> Marie devait non seulement laver ou rapiécer le linge, mais le coudre, non seulement le coudre, mais le tisser.
>
> Elle devait non seulement faire le pain, mais aussi moudre le grain, et, sans doute, couper par elle-même le bois

pour les besoins du foyer, comme le font encore les femmes de Nazareth.

La mère de Dieu ne fut pas une reine comme celles de la terre, mais épouse et mère d'ouvriers. Elle ne fut pas riche mais pauvre.

Il était nécessaire que la 'Théotokos' fût la Mère d'un condamné à mort, sous la triple pression de l'hostilité populaire, de l'autorité religieuse et de l'autorité civile de son pays. Il était nécessaire qu'elle partageât avec Lui la condition laborieuse et opprimée, qui fut celle des masses d'hommes qu'Il devait racheter, 'ceux qui travaillent et qui peinent[1]. »

Marie n'est pas une souveraine, mais une servante. Elle n'est pas le but, mais le chemin. Elle n'est pas une semi-déesse, mais la *pauvre de Yahvé*. Elle n'est pas toute-puissante, mais son rôle est d'intercéder. Pour tout dire, elle est la mère qui continue à enfanter Jésus Christ en nous.

Notre destin maternel

Le sens profond de la maternité spirituelle consiste en ce que Marie soit, de nouveau, Mère de Jésus Christ «en nous». Toute mère engendre et donne le jour. La Mère de Jésus engendre le Christ et lui donne le jour. La maternité spirituelle signifie que Marie engendre le Christ et le met au monde en nous et à travers nous.

En un mot, la naissance du Christ signifie que «nous incarnons le Christ existentiel — et lui donnons le jour, c'est-à-dire que nous faisons transparaître — qu'on nous permette cette expression — ce même Jésus Christ

---

[1] R. Laurentin, *La question mariale*, p. 188.

tel qu'il vécut et agit durant son existence terrestre. Jésus Christ — l'Église — naît et grandit dans la mesure où les sentiments, les comportements, les réactions et le style du Christ apparaissent à travers notre vie. Notre destin est donc un destin «maternel»: former et mettre au monde Jésus Christ. L'Église *est* le Christ. La croissance de l'Église est proportionnée à la croissance de Jésus Christ. Mais le Christ total ne grandit pas par juxtaposition d'éléments. C'est-à-dire: l'Église n'est pas plus grande du fait qu'elle possède davantage d'institutions, de centres missionnaires ou de sessions de catéchèse.

L'Église possède une dimension interne qu'il est facile de perdre de vue: elle est le corps du Christ ou le Christ total. L'Église grandit de l'intérieur, par assimilation intérieure. Si on la contemple en profondeur, on ne peut la réduire à des statistiques ou à des proportions mathématiques. Par exemple, l'Église n'est pas plus grande parce que nous avons eu 700 mariages et deux mille baptêmes. L'Église est le Christ total. Et Jésus Christ grandit dans la mesure où nous reproduisons sa vie en nous. Dans la mesure que nous incarnons sa conduite et ses attitudes, le Christ total avance vers sa plénitude. C'est surtout par nos vies, plus que par nos institutions, que nous propulsons le Christ vers une croissance constante. Dieu ne nous a pas appelés de toute éternité pour organiser le monde avec efficacité, mais pour qu'il soit conforme au Christ (cf. Rm 8, 29).

* * *

Marie enfantera le Christ *en nous* dans la mesure où les *pauvres* seront nos *privilégiés*; quand les pauvres de ce monde seront de préférence l'objet de notre amour, ce sera vraiment le signe que l'Église est réellement messianique; quand nous vivrons comme le Christ avec les mains et le cœur ouverts aux pauvres, avec une sympathie visible pour eux, partageant leur condition et améliorant leur situation; dans la mesure où notre activité sera de préférence, sans être exclusive, consacrée à trouver des solutions adaptées à leurs vrais besoins, allant à eux dans l'espérance et sans ressentiment; alors oui, Marie sera vraiment Mère en nous aidant à incarner en nous le Christ des pauvres.

* * *

Marie enfantera le Christ en nous dans la mesure où nous essaierons d'être, comme le Christ, humbles et patients; dans la mesure où nous refléterons cet état d'âme de paix, de maîtrise de soi, de force et de sérénité; quand nous nous tiendrons, comme le Christ devant ses juges et ses accusateurs, dans la patience, le silence et la dignité; quand nous saurons pardonner comme lui pardonna; quand ce ne sera pas notre propre intérêt qui nous intéressera, mais la gloire du Père et le bonheur de nos frères; quand nous saurons risquer notre peau en nous conduisant avec courage et audace comme le Christ; quand nous serons sincères et vrais, comme le Christ l'a été devant ses amis et ses ennemis, défendant la vérité, même au risque de notre vie. Marie sera vraiment notre Mère dans la mesure où elle pourra nous aider à incarner en nous le Christ doux et humble.

Marie enfantera en nous le Christ dans la mesure où nous vivrons *détachés* de nous-mêmes et *préoccupés des autres,* comme Jésus qui jamais ne s'est préoccupé de lui-même, n'ayant pas le temps de dormir ou de se reposer, qui s'est sacrifié lui-même sans se plaindre, sans se lamenter, sans amertume, sans menaces, et en même temps donnant espérance et courage aux autres; dans la mesure où nous aimerons comme a aimé le Christ, inventant mille formes et mille manières pour exprimer son amour, livrant sa vie et son prestige pour ses «amis»; si nous passons notre vie comme Jésus, «en faisant du bien à tous». Voilà en quoi consiste la maternité spirituelle de Marie: en ce qu'elle nous aidera à incarner, à former et faire naître en nous le Christ «qui nous aima jusqu'à la fin».

* * *

Marie sera pour nous la vraie mère si nous nous efforçons de posséder sa délicatesse fraternelle quand, aussitôt après l'annonciation, elle va rapidement féliciter Élisabeth, et l'aider dans les tâches ménagères durant les jours qui précédèrent la naissance de Jean le Baptiste, et sa délicatesse à Cana, où elle est attentive et préoccupée de tous, comme s'il s'agissait de sa propre famille. Délicatesse de ne signaler à personne le manque de vin, de ne pas en informer le maître de cérémonie pour lui éviter un moment de honte; et délicatesse plus grande encore, en tentant de tout arranger elle-même, à l'insu de tout le monde; délicatesse quand elle invite Jésus à intervenir, en cachant aux autres la rude réponse négative de son fils; délicatesse quand elle murmure simplement aux serviteurs: «Faites tout ce qu'il vous dira.»

Délicatesse encore à Capharnaüm quand, au lieu d'entrer dans la maison et de saluer son fils avec un certain orgueil maternel, elle frappe à la porte et attend dehors, espérant être reçue par son fils…

De cette manière, Marie enfante le Christ à travers nous, si nous accomplissons notre tâche maternelle, qui est de faire grandir le Christ toujours plus dans le monde et dans le cœur des hommes.

Conclusion

AU-DELÀ DE L'HISTOIRE, LA CONSOMMATION

Nous sommes les constructeurs d'un royaume. Notre pire ennemi est l'impatience. Nous voudrions voir ce projet aux dimensions éternelles terminé durant le temps de notre propre existence temporelle. Nous avons besoin de sagesse pour mesurer nos limites et les dimensions du projet. Les armes de la sagesse sont la patience et l'espérance.

Nous sommes d'hier et nous avons des millions d'années devant nous. Cette terre et notre histoire ne vont pas se terminer par un cataclysme apocalyptique, mais par une extinction cosmogénique normale.

Il y a des millions d'années, il n'y avait qu'une masse énorme et informe de gaz cosmique, formant une molécule gigantesque qui, en explosant, produisit des nébuleuses, des galaxies et des systèmes solaires qui ne sont pas autre chose que des particules de cette explosion. Par la force et la gravité qui tend à unir les corps, la poussière cosmique, émanée de cette explosion, a commencé à se concentrer en systèmes circulaires autour d'un centre principal. C'est la dernière-née des théories de la cosmogénèse, fondée sur des principes mathématiques. Elle s'appelle la théorie de «l'univers en expansion».

Quel chemin attend l'humanité? Il faut regarder en arrière pour déduire ce qui peut arriver dans l'avenir. La constitution chimique de l'univers est extraordinairement uniforme; les étoiles ne sont pas autre chose que des réactions thermonucléaires au moyen desquelles l'hydrogène se transforme en hélium. Les astres se consument lentement, sous forme d'irradiations de lumière, de chaleur et de corpuscules. L'âge de notre galaxie et, par conséquent, de notre terre et du soleil, se calcule en quelque cinq milliards d'années.

La terre est riche en substances inorganiques. Et la vie germe comme un effet de l'organisation de ces substances, par la combinaison de ces éléments. La vie a commencé dans la mer, il y a à peu près deux milliards d'années.

La vie, une fois née, s'est reproduite et multipliée jusqu'à s'organiser en êtres multicellulaires. Au cours de millions d'années, se sont formées les espèces dotées d'un système nerveux et cérébral.

Le processus «d'hominisation», appelons-le ainsi, s'est produit dans «les derniers temps», autour de quelques millions d'années, grâce à une complexité cérébrale accélérée. Les premiers vestiges de l'histoire de la civilisation apparaissent il y a sept mille ans avec les sumériens, selon l'état actuel de la paléontologie. Abraham vécut il y a moins de quatre mille ans.

Conclusion: nous sommes d'hier. Jésus Christ s'est incarné au commencement de l'histoire de l'humanité.

* * *

Quel est le projet de Jésus Christ en ce long cheminement au-delà de l'histoire?

La tâche de Jésus Christ est de transformer le monde, disons plus exactement, de transformer le cœur de l'homme. Le projet grandiose, conçu et rêvé par Dieu de toute éternité et exécuté «dans le temps» par Jésus Christ, est de *diviniser* l'homme.

Dieu nous a créés à son image et à sa ressemblance. Le Seigneur a déposé dans le fond de l'homme une semence divine qui nous pousse, non pas à nous convertir «dieu» pour nous substituer au vrai Dieu (Gn 3, 5), mais à nous rendre divins, participants de la nature divine. Nous ayant créés au commencement semblables à lui, ses desseins ont pour but de nous rendre semblables à lui de plus en plus.

* * *

Nous ne sommes «sortis du bois» que récemment. À cause de cela, en cette étape de l'évolution de l'humanité, nous sommes encore dominés et gouvernés entièrement par les mécanismes instinctifs de l'égoïsme. Chez les êtres inférieurs dans l'échelle des vivants, les réactions instinctives sont essentiellement égocentriques, pour pouvoir se défendre et subsister dans la lutte pour la vie. De là l'homme a hérité sa nature égoïste, il est naturellement égoïste.

La Bible ne se fatigue pas de nous répéter de mille façons que l'égoïsme (le péché) atteint les ultimes racines de l'homme, ou que l'homme est englué «dans le péché» de l'égoïsme (Ps 51; Rm 7, 14-15). De sa structure de péché émergent tous les fruits de la «chair»: fornication, impureté, libertinage, idolâtrie, sorcellerie, haines, discordes, jalousies, colères, ressentiments, divisions, dissensions, envies, ivrogneries, orgies et autres choses semblables (Ga 5, 19-22).

La tâche gigantesque de Jésus Christ, engagé dans un dépassement de l'histoire, consiste à aider l'homme à passer des lois de l'égoïsme à celles de Dieu, et, puisque Dieu est amour, la divinisation de l'homme consistera à passer de l'égoïsme à l'amour, à cesser de n'être que «homme» pour arriver à être «fils de Dieu».

* * *

Nous osons dire que la Rédemption a des dimensions cosmiques, ce qui demande explication. De par sa nature égoïste, l'homme domine et soumet à sa vanité (Rm 8, 20) toutes les créatures; celles-ci, soumises au caprice arbitraire et despotique de l'homme, se sentent comme prisonnières et torturées, elles «gémissent» (Rm 8, 22), dans l'attente d'être délivrées de cette oppression.

Pour décrire ce phénomène profond, saint François utilise l'expression s'approprier. Avoir est une chose, retenir en est une autre. Utiliser est différent de s'approprier. «S'approprier» signifie attacher, forger une chaîne entre l'homme et la créature, entre le propriétaire et la propriété. Terrible mystère et ignorance profonde: l'homme croit qu'être «seigneur» consiste à avoir le plus grand nombre d'appropriations, quand en réalité c'est le contraire qui arrive: plus l'homme a de propriétés, plus il est attaché, plus il est lié aux créatures par davantage de chaînes, parce que les propriétés réclament leur maître.

L'homme le plus pauvre au monde est le plus libre du monde, et par conséquent le plus *seigneur*. La rédemption de l'homme, sa libération, viennent par la voie de la «désappropriation». Pauvreté et amour sont une même chose.

Paul nous dit que les créatures soupirent dans l'espoir de se voir libérées des abus de pouvoir de l'homme. Si l'homme se «déprend» des créatures (valeurs, charismes, biens), si l'homme ne les utilise pas pour sa domination, ces créatures demeurent libres. La libération de l'homme constitue aussi la libération des créatures. De fait, les créatures sont libérées de l'homme quand l'homme se détache des créatures.

Or, si l'homme n'assujettit pas les créatures à son profit exclusif, celles-ci peuvent être destinées au service des autres. Et ainsi, les énergies et les valeurs humaines, une fois libérées de l'abus de l'homme, peuvent alors entrer dans le courant de l'amour, car elles sont libres et disponibles pour le service de tous les frères.

Et en entrant dans la sphère de l'amour, tant l'homme que les créatures demeurent à l'intérieur du processus de la «divinisation», car Dieu est amour: ils sont libérés pour servir et aimer.

* * *

Cette prodigieuse et lente libération pascale est achevée par la grâce rédemptrice de Jésus Christ. Le Concile de Vatican II dit: «La clé, le centre et le terme de toute l'histoire se trouve en son Maître et Seigneur, Jésus Christ.» Ce qui veut dire que non seulement Jésus Christ est au centre de toute l'histoire, mais le mouvement pascal de l'histoire est propulsé et promu par la dynamique rédemptrice du Seigneur. La raison d'être de l'histoire humaine est de libérer les grandes énergies humaines, liées actuellement aux anneaux égocentriques de l'homme, et de les répartir au service des autres.

Naturellement, il s'agit d'une tâche millénaire. Dans cette libération, les processus et les réalités terrestres aideront efficacement l'homme en son cheminement vers la liberté et l'amour. Ainsi, par exemple, les mouvements démocratiques et socialisants constituent, selon notre opinion, une grande aide en ce processus, à condition qu'ils suscitent le respect mutuel, combattent l'individualisme et ouvrent les êtres humains à un au-delà de leurs souverainetés, de leurs patries et de leurs frontières, jusqu'à l'universalité

Il est évident que, en cette rédemption qui dépasse l'histoire, les sciences humaines, la psychologie, la médecine, la sociologie et la technique offrent une aide précieuse... Le Concile indique que, dans ce progrès vers la liberté et l'amour, l'homme va rencontrer beaucoup d'ennemis, comme l'infirmité, les injustices, la pauvreté, l'ignorance. Les sciences et la technique aideront l'homme à vaincre ces ennemis.

Selon «Gaudium et Spes», la technique est la grande victoire de l'homme sur les forces inexorables de la nature, mais, selon le schéma conciliaire, cette technique libératrice est en train de ramener l'homme vers un nouvel esclavage, à cause des déséquilibres qu'elle provoque et des ambivalences qu'elle contient (GS, n°s 8, 9, 10). Et le Concile jette un défi à l'homme pour qu'il dépasse ces ambivalences négatives.

L'Église nourrit l'immense espérance que l'homme finira par vaincre tous les obstacles, parce que l'être humain porte, marquée dans les profondeurs de son être, l'image de Dieu... Il est porteur de germes immortels, capables de guérir toutes les erreurs, de vaincre toutes les difficultés et de le faire progresser sans cesse en avant et vers le haut.

Mais dans cette marche triomphale, il aura toujours pour ennemi le péché. Et le Concile pose un défi à l'homme, lui demandant d'examiner de quelle manière, au-delà des victoires terrestres et humaines, il arrivera à transformer ses énergies égocentristes en amour. Plus simplement, arrivera-t-il à lutter, à souffrir et à travailler avec le même enthousiasme dans l'intérêt des autres, que lorsqu'il s'agit de ses propres intérêts?

* * *

L'optimisme de l'Église s'appuie aussi sur un autre terrain: l'homme arrivera à vaincre le péché parce que *un homme* l'a déjà mis en déroute, Jésus Christ. «Le mystère de l'homme s'illumine seulement dans le mystère du Verbe Incarné» (GS 22).

Et à mesure que les hommes, au cours des millénaires, avanceront en assumant et en incarnant les sentiments et les attitudes de Jésus Christ, les séquelles de l'égoïsme iront en diminuant: la violence, les injustices, les guerres, la discrimination et l'exploitation.

Dans la mesure où un plus grand nombre d'hommes assumeront «l'amour extrême» (Jn 15, 1) de Jésus, et seront capables de «donner leur vie» (Jn 15, 18) pour leurs frères, la rédemption libératrice annoncera l'au-delà de l'histoire, et arrivera au super-humanisme pour lequel et dans lequel brilleront, dans toute leur splendeur, la liberté et l'amour.

Plusieurs millénaires passeront encore. Et dans la mesure où les hommes ressembleront plus à Jésus, l'humanité ira *se christifiant*, Jésus Christ ira grandissant jusqu'à la stature adulte qui lui revient.

Le royaume sera de plus en plus liberté et amour. L'homme sera toujours plus satisfait et heureux parce que l'égoïsme sera définitivement supprimé du cœur humain; les grandes énergies psychiques ne seront pas dirigées au centre de chaque homme, mais vers les frères; nous nous aimerons les uns les autres comme Jésus nous a aimés; le Christ vivra réellement en nous, tout et tous «seront» Jésus Christ.

Ce moment sera la fin, et le rideau de l'histoire tombera. «Dieu sera tout en tous», et Jésus Christ aura atteint sa plénitude totale. Lisez les lettres de Paul aux Éphésiens et aux Colossiens. La conclusion du Concile est magnifique et transcendante: «La vocation suprême de l'homme est en réalité unique, c'est sa divinisation» (Gs 22).

Il est évident que, dans cette naissance et cette croissance du Christ jusqu'à la fin du monde, la même Mère, qui le donna au monde, jouera un rôle prépondérant.

Non seulement Marie présidera ce processus mais elle sera aussi la mère «féconde» de toute cette transformation libératrice et divinisatrice, à travers nous, de ses enfants rachetés.

Ce processus sera une tâche de longs millénaires. On sait exactement quand notre planète deviendra inhabitable: ce sera quand, sur la terre, il n'y aura plus de conditions favorables à la vie, à cause de l'extinction du soleil.

Le soleil «vit» et nous fait vivre de sa lumière et de sa chaleur — par la transmutation de l'hydrogène en hélium au moyen des réactions thermonucléaires. La science sait combien de tonnes d'hydrogène par seconde notre astre consume. Elle sait aussi la provision d'hydrogène dont il dispose. On peut donc calculer parfaitement le temps dont aura besoin le soleil pour consumer cette provision: quand tout le combustible aura brûlé, le soleil agonisera et mourra, et sur la terre il n'y aura plus de vie.

L'humanité a donc devant elle des milliers d'années pour opérer sa «christification».

Les hommes sont les collaborateurs de Jésus Christ, unis à sa Mère, pour cette tâche régénératrice. Le danger est de nous laisser emporter par l'impatience, à cause du phénomène de la temporalité, c'est-à-dire par le fait de nous sentir submergés «dans le temps», selon la théorie des existentialistes. Nous avons hâte de trouver la solution à nos problèmes et ce, avec frénésie, parce que nous avons l'impression que, durant notre séjour sur terre, se décidera le destin du monde.

Nous ne savons pas nous situer dans la perspective de la foi. Il suffit que, durant le cours de notre existence, nous ayons pu placer une petite brique dans la construction de ce royaume de liberté et d'amour. Cette «brique» demeurera là, inamovible à jamais.

Après notre mort, un silence impénétrable et un éternel oubli, humainement parlant, descendront sur nous. Mais si nous avons collaboré à la croissance du Christ, nous aurons laissé une trace ineffaçable dans l'histoire; ni le silence, ni l'oubli ne pourront l'annuler, et notre nom restera à jamais inscrit au nombre des Élus.

Cette transformation trans-historique implique des tâches et des devoirs temporels. D'où la difficulté presque insurmontable du discernement; et les fils de l'évangile seront menacés du danger du «temporalisme».

Il est extrêmement difficile d'établir la ligne qui divise la politique contingente de la politique transcendante. Dans le concret, que signifie un compromis temporel pour un ecclésiastique? Jusqu'à quelles limites un prêtre peut-il s'engager dans l'action politique? Que signifient des expressions telles que solidarité fraternelle, animation, dénonciation, libération, prophétisme? et quel sens leur donner?

En quoi l'activité temporelle d'un chrétien laïc est-elle différente de celle d'un prêtre ou d'une religieuse? Existe-t-il une telle différence? Et si elle existe, quelles en seraient les implications concrètes. Jusqu'où peut-on avancer? Où se trouvent les frontières? Nous voilà vraiment perdus comme dans la brume.

Nous allons demander à l'Esprit de sagesse de ne pas demeurer trop en deçà, ni d'avancer trop au-delà de la juste mesure.

À quoi bon invoquer Dieu, si le véritable «dieu» qui régit les destinées de notre monde est l'argent? À quoi sert de nous déclarer disciples du Christ, quand les lois qui régissent ce monde et qui y prévalent sont l'exploitation de l'homme par l'homme, et la compétition économique impitoyable?

À quoi sert de nous déclarer des baptisés si les uniques valeurs que nous respirons sont l'hédonisme, l'orgueil de la vie, le désir effréné de l'ostentation? Les fils véridiques de l'évangile n'ont rien à voir avec le règne de l'argent.

Que valent les révolutions sociales si les hommes continuent à se haïr, s'ils couvent des ambitions féroces, et substituent l'aristocratie de l'argent à l'aristocratie de l'intelligence?

Une révolution sociale peut détruire l'aristocratie de l'argent, faire fi de tous les individualismes et aider à la transformation de l'homme. Mais, à quoi sert-elle si le cœur reste pourri, et si nous avons laissé sur notre chemin un fleuve d'amertume?

Le cœur de l'homme ne change pas de façon magique. Abattre des structures sociales et leur en substituer d'autres est chose relativement facile, parce qu'il s'agit d'une action rapide et spectaculaire, par conséquent fascinante.

Abattre les murailles de l'égoïsme, créer un cœur nouveau, changer les motifs et les critères de l'homme, travailler pour les autres avec le même intérêt que s'il s'agissait de nous-mêmes, nous désintéresser de nous-mêmes pour nous occuper des autres, savoir pardonner, comprendre... Tout cela est une tâche de siècles et de millénaires. C'est la grande révolution de Jésus Christ.

Le monde croit que le dernier qui frappe est le champion. À quoi comparer un champion? se demande Jésus. Après avoir reçu un soufflet sur la joue droite, le champion demeure tellement maître de lui-même qu'il peut présenter la joue gauche. C'est lui le plus fort. Quelle révolution, dans cette seule comparaison!

Les résultats d'une action temporelle sont ou peuvent être magnifiques et fulgurants, mais aussi superficiels, s'ils ne s'adressent pas au cœur. Généralement, ce qui se construit rapidement, rapidement s'effrite.

Le Père a chargé Jésus Christ de transformer le monde et de conduire l'humanité, libérée et divinisée, en un grand mouvement de retour à la maison du Père. Cette tâche ne se fera pas en un siècle ou en un millénaire. Jésus Christ est d'hier, d'aujourd'hui et de toujours. Il faut donc que les hommes de Jésus Christ, ses collaborateurs dans la construction du Royaume, se placent «dans le temps» de Jésus Christ, ne perdant pas de vue les dimensions de la foi.

Il ne faut pas s'impatienter, ni chercher des résultats immédiats. Sachons discerner ce qu'est l'évangile de ce qu'il n'est pas et surtout ayons, comme les prophètes, les racines profondément enfouies dans l'intimité du Seigneur.

«Le prophète est un homme possédé par Dieu. Mais ce n'est pas pour cela qu'il se retire du monde.

Très lié à l'histoire de ses contemporains, il vit avec intensité les événements de son époque. Témoin de l'absolu de Dieu, il est doué d'une vue qui discerne en profondeur.

Devant lui les façades s'écroulent, les combinaisons des hommes perdent de leur aspect spectaculaire et laissent à découvert leur petitesse.

Un feu le pénètre, une force intérieure le pousse; à temps et à contretemps, il doit annoncer le message dont il est porteur.

Il a comme une évidence de la présence de Dieu et du regard de Dieu sur le monde, et il accuse profondément le manque de clairvoyance de ceux qui l'entourent. On dirait qu'il est un voyant circulant dans le royaume des aveugles.

Pour le prophète, la vérité vient d'en haut; elle vient à lui comme donnée, c'est quelque chose qui s'impose à lui, à laquelle il ne peut résister[1]. »

Il faut organiser la grande marche libératrice jusqu'à l'intérieur de l'homme.

* * *

Nous sommes les fils de l'espérance et l'espérance est l'âme du combat. Nous formons une chaîne immortelle dont le premier et le dernier maillon est Celui même qui a vaincu l'égoïsme et la mort.

L'espérance est la fille privilégiée de Dieu. Les échecs jamais ne décourageront les hommes d'espérance. Après le premier, le cinquième, le vingtième ou

---

[1] *La Bible et son message,* n° 61, p. 4.

le énième échec, l'espérance répète toujours la même chose: «Ça ne fait rien, demain sera meilleur». L'espérance ne meurt jamais. Elle est immortelle, comme Dieu lui-même.

Les fils de l'évangile crient: «Il est impossible de vaincre l'égoïsme.» L'espérance répond: «Tout est possible pour Dieu.» Les hommes de l'évangile se plaignent: «L'argent est une machine invincible.» L'espérance réplique: «Seul le Christ est invincible.»

Les fils de l'évangile se découragent et disent: «Dans le monde, l'argent et la haine commandent, le monde se moque de l'amour; on dit que la haine est le propre des forts et l'amour, des faibles; ils disent aussi qu'il vaut mieux se faire craindre que de se faire aimer; ils disent que pour triompher, il ne faut pas avoir honte et que l'égoïsme est un serpent à mille têtes qui pénètre et soutient de façon froide et impassible toute la société de consommation.»

Face à cela, les hommes de l'évangile éprouvent la tentation de «sortir» du monde, disant: «Frères, il n'y a pas de place là pour l'espérance.»

L'espérance répond: «Vous, fils du combat et de l'espérance, vous vous trompez parce que vous regardez le sol. Tout vous est perdu parce que vous croyez aux statistiques, vous lisez les journaux, votre foi est basée sur les enquêtes sociologiques, et vous croyez seulement à ce qui se voit.

Levez les yeux et regardez au loin, là où est la source de l'espérance: Jésus Christ ressuscité d'entre les morts, vainqueur de l'égoïsme et du péché. Lui est notre unique espérance.

Votre espérance est morte parce que vous vous appuyez sur les résultats des projets humains. Quand la marche de l'Église est spectaculaire et triomphale, quand les ecclésiastiques sont nombreux et que les séminaires sont pleins, vous dites: «tout va bien».

Mais quand l'Église est réduite au silence et ses témoins incarcérés ou égorgés, vous dites: «tout est perdu». La source de l'espérance n'est pas dans les statistiques ni dans des gestes éclatants. Avez-vous oublié la croix et le grain de blé? Ne savez-vous pas que de la mort du Seigneur naît la résurrection du Seigneur? Rappelez-vous: le crucifiement et la résurrection sont une même chose.

Pour ne pas succomber au découragement en ces moments où l'on ne voit pas de résultats, appuyez-vous sur l'Immortel pour les siècles. Nous sommes invincibles parce que le Seigneur a vaincu tous les ennemis. L'unique dame qui demeurait sur la terre était la mort. Elle aussi fut vaincue par l'Immortel.»

> «Le ciel était ouvert et je pus voir un cheval blanc. Celui qui le monte s'appelle Fidèle et Vrai. Ses yeux sont des flammes de feu, et sur sa tête il porte de nombreuses couronnes.
> Il marche enveloppé en une cape tachée de sang. Son nom est *le Verbe de Dieu*.
> Les armées du ciel le suivent sur des chevaux blancs, vêtus d'une parfaite blancheur.
> Il porte écrit sur le manteau et sur sa cuisse ce titre: Roi des rois et Seigneur des seigneurs.»   (Ap 19, 11-17)

Le Christ, avec sa Mère et avec notre collaboration, continuera à déraciner les injustices, mettra en place les fondements de la paix, et le soleil de justice commencera à briller.

Les témoins de Jésus Christ et les fils de la Mère devront assumer leurs responsabilités avec l'audace de l'Esprit et l'équilibre de Dieu. Et une nouvelle époque commencera où les pauvres occuperont leur place dans le royaume, où aura lieu la libération de tout esclavage, et où les énergies dispersées s'intégreront. Les fils du Père et de la Mère formeront un peuple unique et fraternel. La Mère présidera cette lente opération. Beaucoup de témoins tomberont, d'autres déserteront. Mais le royaume, pierre par pierre, s'élèvera.

Ce sera un nouveau règne où s'intégreront le spirituel et le temporel, où l'on avancera au-delà des structures oppressives jusqu'au dépassement des calamités sociales, par l'acquisition du nécessaire, par la croissance de la dignité, par la promotion de la paix et la participation dans les décisions.

Un royaume où la famille sera un milieu animé par l'amour et une école de formation pour les personnes; où les époux seront témoins de la foi et coopérateurs de la grâce; et où le foyer sera le temple de Dieu et une école de respect mutuel.

Dans ce royaume, il n'y aura pas beaucoup de personnes qui n'ont rien et un petit nombre qui possèdent beaucoup, les inégalités iront se nivelant graduellement, l'insensibilité des uns pour les autres cessera, il n'y aura pas des privilégiés et des oubliés, il n'y aura pas de problèmes, de tensions, il n'y aura pas de domination de quelques-uns sur les autres.

Ce sera un royaume de paix où la dignité sera respectée, où les aspirations profondes seront satisfaites et les fils de Dieu les agents de leur propre destin; un royaume où des fils de Dieu, en un processus dynamique, seront artisans de paix et, pour cela, seront appelés bienheureux (Mt 5, 9), une paix qui sera fruit de l'amour et signe de fraternité universelle.

«Puis je vis un ciel nouveau et une terre nouvelle car le premier ciel et la première terre ont disparu, et de mer il n'y en a plus.

Et je vis la Cité sainte, Jérusalem nouvelle, qui descendait du ciel, de chez Dieu, elle qui s'est faite belle comme une jeune mariée parée pour son époux.

J'entendis alors une voix clamer, du trône: Voici la demeure de Dieu avec les hommes. Il aura sa demeure avec eux; ils seront son peuple, et lui, Dieu-avec-eux, sera leur Dieu.

Il essuiera toute larme de leurs yeux: de pleur, de cri et de peine, il n'y en aura plus, car l'ancien monde s'en est allé. Alors Celui qui siège sur le trône déclara: Voici, je fais l'univers nouveau.

Puis il ajouta: 'Écris: ces paroles sont certaines et vraies.' C'en est fait, me dit-il encore, je suis l'Alpha et l'Oméga, le principe et la fin.

Celui qui a soif, je lui donnerai de la source de la vie, gratuitement. Telle sera la part du vainqueur; et je serai son Dieu et lui sera mon fils.   (Ap 21, 1-7)

«Dame du Silence et de la Croix,
Dame de l'Amour et du Don de soi,
Dame de la parole reçue
Et de la parole engagée,
Dame de la Paix et de l'Espérance,
Dame de tous ceux qui partent,
parce que tu es la Dame
du chemin de la Pâque.»

Nous aussi nous avons partagé le pain de l'amitié et de l'union fraternelle. Nous nous sentons forts et heureux. Notre tristesse se changera en joie et notre joie sera pleine et personne ne pourra nous la ravir.

Enseigne-nous, Marie, la gratitude et la joie de tous les départs. Enseigne-nous à dire toujours «Oui» de toute notre âme. Entre dans la petitesse de notre cœur et prononce-le toi-même pour nous.

Sois le chemin de ceux qui partent et la sérénité de ceux qui restent. Accompagne-nous toujours dans notre pérégrination vers le Père.

Enseigne-nous que cette vie est toujours un départ. Toujours un détachement et une offrande. Toujours un passage et une Pâque jusqu'à ce qu'arrive le Passage définitif, la Pâque achevée. Alors nous comprendrons que pour vivre il faut mourir, que pour nous rencontrer pleinement dans le Seigneur, il faut nous quitter. Et qu'il est nécessaire de passer par bien des choses pour entrer dans la Gloire.

Prière

Notre Dame de la Réconciliation,
Image et principe de l'Église,
Aujourd'hui nous laissons dans ton cœur,
Pauvre, silencieux et disponible,
Cette Église pèlerine de la Pâque.
Une Église essentiellement missionnaire,
Ferment et âme de la société dans laquelle nous vivons
Une Église prophétique qui sera l'annonce
Que le Royaume est déjà arrivé.
Une Église d'authentiques témoins,
Insérée dans l'histoire des hommes,
Comme présence salvatrice du Seigneur,
Source de paix, d'allégresse et d'espérance.   Amen.

Cardinal Pironio

TABLE DES MATIÈRES

Collection

SÈVE NOUVELLE

Achevé d'imprimer sur les presses de
Imprimerie H.L.N. Inc.,
2605 Hertel, Sherbrooke, Qué. J1J 2J4

Imprimé au Canada — Printed in Canada